我们可不可以不离婚

Sphinx 著

江苏凤凰文艺出版社
JIANGSU PHOENIX LITERATURE AND ART PUBLISHING LTD

图书在版编目(CIP)数据

我们可不可以不离婚 / Sphinx著. — 南京：江苏凤凰文艺出版社，2015
ISBN 978-7-5399-8647-0

Ⅰ.①我… Ⅱ.①S… Ⅲ.①女性－婚姻－通俗读物
Ⅳ.①C913.13-49

中国版本图书馆CIP数据核字(2015)第198619号

书名	我们可不可以不离婚
著者	Sphinx
责任编辑	郝　鹏　孙金荣
特约编辑	李　合
文字校对	陈晓丹
版权支持	王秀荣　张晓阳
封面设计	陈　珊
出版发行	凤凰出版传媒股份有限公司 江苏凤凰文艺出版社
出版社地址	南京市中央路165号，邮编：210009
出版社网址	http://www.jswenyi.com
经销	凤凰出版传媒股份有限公司
印刷	北京瑞达方舟印务有限公司
开本	880毫米×1230毫米 1/32
印张	7
字数	117千字
版次	2015年10月第1版 2015年10月第1次印刷
标准书号	ISBN 978-7-5399-8647-0
定价	30.00元

面对男人，

你有很多“想知道”；

关于爱情与婚姻，

你有更多的“不知道”。

我们可不可以不离婚

目录

CONTENTS

PART / 2

男人天性使然的“坏毛病”，适应为上

PART / 3

适时对男人使些手段，你的婚姻更牢固

我们可不可以不离婚

作者序

三十六个科学忠告，让你拥有三十六倍的幸福

从来没有人，会从科学角度教你如何拥有幸福。

关于爱情，从你的奶奶到隔壁离婚的邻居大婶，每个人都在各自表述，用自己的人生经验，发展自己的一套恋爱哲学。

虽然她们讲起爱情来头头是道，俨然都像爱情专家，但她们终究无法给你最有信服力的忠告，更无法从科学角度，告诉你如何避开人性及生物层次上的陷阱。

基本上，爱情发生时，两个人对彼此都会有心动的感觉，但你不知道的是，这个心动，有时只是生理上的心跳加速，

或是自律神经失调的现象，并不一定是你和对方一见钟情，或是七世夫妻再次投胎来地球相认。

事实上，爱情不只是感性的产物，它也包含了许多科学层面的原理和现象，包括医学、心理学、生物演化学、脑神经学等等。

例如，你一定不知道，为什么每次吵架时，男人总是搞不清楚你想表达的重点；你也不知道，为什么身边一堆烂桃花，却迟迟遇不到对的人；你甚至不知道，太放任男人，可能会让他提早爆血管……

面对男人，你有很多“想知道”；关于爱情，你有更多的“不知道”。

于是你只能求助姐妹淘，求助网友，然而，结果往往是不尽如人意的。

你以为得到了最佳的解答，但其实这些解答很多都是网友忽悠大家的，如果你信之不疑，就等于请鬼抓药单，让你死得更快。

这就是你为爱情付出百分之两百的努力后，却感受不到百分之一快乐的缘故。

追根究底，就是你没有用对方法，来经营你的幸福。

本书收录了女人必知，却一直不知的三十六则科学忠告。

这些忠告每一则都有科学依据，每一则也都可以给你一些实证启示和正向情报，让你成功拥有幸福的概率增加三十六倍。

本书（台版）出版前，编辑部找了二十几位女性朋友做测试，她们看完文章后，都表示本书中的忠告对她们的认知与观念造成了很大的冲击，也改变了她们经营感情和婚姻的模式。

尽管她们各有心得，但她们的共同感想是：原来，关于爱情，竟然还有这么多鲜为人知的科学真相。

本书是目前市面上唯一从科学角度分析爱情的书。其实，每个人的本质都是一样的，都有科学共通性，就算人心再多变，生物性与心理层面的变化，仍然是有迹可循的。

谈到爱情，每个女人都想一手掌握幸福。

如果你早就试过求神问卜、星座、放生或风水摆阵等方式，但都暂时未找到幸福，那么，你不妨换个频道，从科学的角度来探索爱情的真相，相信你会恍然大悟：原来，幸福也是可以科学的。

PART / 1

女人选男人，荷尔蒙是关键

我们在挑选伴侣时，除了凭借感官认知，还会依循大脑跟心灵；前者让异性互相吸引，而后者则是决定一段感情能否持续下去的关键。

01 / 让你心跳加速的，不一定是爱情

偶像剧里最常出现的剧情就是，女主角在遇到难题不知所措时，男主角就会适时地出现在她面前，为她解围，而他在危急时刻的英雄救美，瞬间就让女主角深深倾心。

同样的情形出现在现实生活中就是，女人很容易因为某种情境，就以为自己陷入了爱情的旋涡，以为此时遇到的，就是生命中的真命天子。

不过，如果你以为这个瞬间就是爱情，那你就错了，因为有研究指出，这时候你以为的爱情只是假象，你只是陷入“吊桥效应（Drawbridging Effect）”而不自知。

心理学家曾经找来几十个男人，做了以下的测试：

他们将这批人分成两组，分别走过两处不同的地方，一处是十尺高的摇晃吊桥，另一处则是安稳的平地，心理学家同时要求他们在走过这些地方的时候，一定要看着不远处的一个女孩，并且在走过去后，发表对这个女孩的好感度。

结果研究发现，走过平地的男人，只有一成对这个女孩产生好感；然而在走过摇晃吊桥的男人中，竟有高达七成对这个女孩表示好感。原因就是，这个女孩让他们瞬间心跳加速。

其实，人处在危险环境的时候，心跳会加快、呼吸会急促，这些都是恐惧所引发的自然生理现象。但是在这时候，你无法分别心跳加速的原因，你不会说其中恐惧占了60%，对方魅力占了30%，肚子饿占了10%，你只会把全部事由归因为对方的吸引力，好为自己的情绪反应找到一个合理的解释。

也就是说，危险的吊桥才是使男人们心跳加速的原因，但他们却误以为是那名女孩的魅力所致，所以事后才会有七成的男人纷纷表明想要与她进一步交往。

心理学家表示，不只是恐惧，欢笑与焦虑也会引发同样的反应，而在情绪被激发的时候，出现在你眼中的男人，瞬间都会让你觉得他充满吸引力。

因此，心理学家根据这个研究指出，当男人想要提升双方的情感时，选择适当的约会地点非常重要，无论是危险性还是刺激性的环境，都可以促进彼此感情的提升，所以约会时带女生去看恐怖片，的确是一个不错的选择。

不过反过来说，女人要认知到，看恐怖片的时候，造成你心跳加速的原因有可能是恐怖片，而不是你旁边的男人。如果男人带你去坐海盗船时紧抱着你，或是在三更半夜时突然把你拉进小巷一阵热吻，这时候的心跳加速都会让你意乱情迷，会让你误以为这就是爱情。

所以，女人们，不要被“英雄救美”的男人迷惑了，尤其当男人以这种姿态出现在你面前时，绝不要以为真命天子从天而降，因为这很有可能只是你的自作多情而已。

爱情科学小常识

让你对喜欢的人怎么看都顺眼的“月晕效应”

女人因为“心跳加速”而陷入爱情，但心跳平缓下来却依旧愈陷愈深，恐怕就是“月晕效应”将对方的缺点屏蔽了，而产生了好感加乘的效果。

“月晕效应”这个名称的由来，是因为月亮的周围有一层光晕，所以我们看见的其实不是月亮的真实形体，而是被光晕扩大一圈后的结果。

受到这种“月晕效应”的影响，你在评断一个人时，会因为某些先入为主的原因，而把这个人归类到“好”和“坏”、“喜欢”和“讨厌”的二分法之中。观察“喜欢”的对象，就会自动以正向的角度去评断；而对于“讨厌”的对象，就会采用比较负面的观点。换句话说，如果是观察你喜欢的人，他做任何事情都对；而如果是看你讨厌的人，那他就怎么做怎么错了。

所以当你坠入情网时，会对喜欢的人怎么看怎么顺眼，倒不是因为对方真的完美无缺，而是你受到“月晕效应”的影响，会无意间被对方的某项特质所吸引，对心仪对象产生以偏概全的看法，讲得更直白一点，就是偏见在作祟了。

02 / 别让 8.2 秒的心动，毁了你往后的 80 年

女人的内心深处，总是向往一见钟情的童话发生在自己身上，那种追求直觉和浪漫的恋情，瞬间在对方眼中看到火花的激情，仿佛就是“前世注定”的情缘，但是这样的情迷感，维持的时间通常远比想象的还要更短，干柴烈火很容易就烟消云散。

几年前，国际上曾有一则受人瞩目的新闻，欧洲某公国的元首，被视为全球头号黄金单身汉的阿尔贝二世亲王，对南非奥运游泳金牌女将莎琳“一见钟情”，并决定娶她为王妃，还特别为她举办了一场豪华的“世纪婚礼”。

乍看，这应该是“麻雀变凤凰”的美丽童话故事，但实际上，

亲王与王妃的恋情并没有表面上那么风光。

生性风流的亲王在婚前有上百个女友，经常在外邂逅“一见钟情”的对象，王妃嫁入皇室后，才发现丈夫三不五时就跑出一个私生子，无论如何她也无法成为这个男人心中的唯一，她对婚姻生活感到绝望，觉得自己仿佛被困在“王室牢笼”之中，无数次吵着要和亲王离婚。

年轻貌美的女人，没有因为生了孩子而留住一见钟情的王子；而喜欢对美女一见钟情的王子，也无法为妻子和家庭带来幸福。

不过，在恋爱中，真的有“一见钟情”这回事吗？

有科学家试着量化出只能意会不能言传的“一见钟情”，研究人员安排 115 名受试者与男女演员进行交流，同时用仪器追踪他们的眼部运动。

他们发现，若其中一方对另一方的注视时间持续四秒，则对视的双方不会给对方留下什么印象；但如果看着对方的时间长达 8.2 秒，这就表示“一见钟情”正在发生。

其中，男性会习惯性透过眼神来寻找潜在的目标，尤其留意被一般人认为漂亮且具有性吸引力的女性。

这项研究结果反映出一个事实，当未婚男女相遇时，其实你已经在不知不觉中，开始进入一场“攻防游戏”。男人和女人会各自试着去寻找一些能反映别人对自己感兴趣的信号，并且依照“信号强弱”试图判断谁更喜欢自己。

而意大利帕维亚大学（Università degli Studi di Pavia）的研究结果显示，一对男女能够一见钟情，主要是因为人类血液内的“爱情因子（神经因子）”产生变化。

当男女初次见面心动的瞬间，人体血液中的神经生长因子数量，会大幅超过没有恋爱或已经结婚的人，但这些人在一见钟情之后不到一年的时间，体内的爱情因子就会回复到普通人的水平。

也就是说，一个男人可以在 8.2 秒对你一见钟情，但大概只能维持一年的时间。

我们经常听到很多人分手的理由都是个性不合，但或许问题并不是出在性格差异，而是“不爱了”而已。

从医学的研究报告可以得知，所谓的“一见钟情”，主要是由大脑的内侧前额叶皮质所决定的，而这个区域被发现在“引发”心动的过程中，扮演着重要的角色。

张爱玲曾经说过：“女人在恋爱时，姿态是放恣的。”很多时候，我们其实是被“心动”的感觉欺骗了，你以为你爱着眼前那个人，但真正爱上的，只不过是新鲜感制造的瞬间“怦然”悸动，而未必是眼前这个男人值得和你共度一生。

圣地亚哥州立大学（San Diego State University）的一项研究结果也证实了，一见钟情的男女，其大脑里的血清素（Serotonin）含量和强迫症患者一样多，所以，一个坠入情网的人不是傻瓜，而是对这种飘飘欲仙的感觉无法自拔。

也许，一见钟情发生的瞬间，谁都无法阻挡，在怦然心动的瞬间，人们会义无反顾地全心投入爱情之中，但是感情想要长久，不在于一见钟情如何发生，而是你如何去灌溉这段恋情，调整两个人的步伐，这样才有可能一起走下去。

两个人从相遇到相恋的时间越短，仿佛越能激发令人目眩神迷的绚烂火花，但一见钟情有时候就好像台北101的跨年烟火秀一样，十几分钟的华丽，结束之后才发现既疲累又无比空虚。

8.2 秒的心动无法保证一生一世，如果你只是纯粹凭着生理反应走，甚至因此冲动闪婚，然后在现实的生活中才残酷地发现双方无法磨合、争执不断，不只会伤害这段婚姻，更会残害你的身心。千万不要为了一时的意乱情迷，毁了往后的 80 年。

爱情科学小常识

一头栽进去之前，先“低估”他的承诺

很多女人之所以太快一头栽进爱情，后来才发现所托非人，绝大多数都是因为在恋情开始的时候，“高估”了对方的承诺与真心。

两位演化心理学家玛蒂·哈瑟尔顿（Martie G. Haselton）和戴维·巴思（David M. Buss）引用他们的“错误管理理论（Error Management Theory）”给出一项建议：女性应该要低估男性在情爱关系中所做出的承诺。

其实，人们在不同情况下做出的种种决定，常常会导致错误的结果；而每次错误所付出的代价有高有低，所以人在做选择之前，应该先设想各种决定可能需要付出的代价，才有可能做出理智的决定。

好比说，如果女人一开始就高估了对方的承诺与真心，她所付出的代价很可能是进入错误的婚姻，甚至怀孕生子，痛苦地过大半人生。

假如女人在恋爱初始时低估了对方的真心，那她所付出的代价，则是可能失去与这个男人建立一段忠诚关系的机会，但这也代表，女人就有更多的机会与下一个男人建立感情关系。同样是错误判断，但是前者付出的代价要高得多。

所以，在恋情刚萌芽的时候，记得“低估”他的承诺，给自己多一点时间观察对方，免得自以为的幸福爱情成为婚姻枷锁。

03 / “霸道总裁”在情感中往往更具攻击性

现代女人在爱情里，似乎愈来愈懂得追求男女平等，拒绝再成为男人的奴隶。

事实上，女人总是爱自欺欺人，这点从租书店的言情小说出租率，就可以看出端倪。

因为根据出版社的统计，出租率最高的题材，就是“总裁系列”。

言情小说里的总裁们，“高富帅”只是基本配备，最重要的是，他们心机深沉且手掌重权，在看似冷酷无情当中，又带点霸道的温柔；这种强势的男人，却让广大的女性读者们为之深深着迷，欲罢不能，恨不能成为书里的女主角，获得温柔多金的总裁们宠爱。

当然，现实生活中，并没有那么多总裁可供女人选择，但是女人在选择对象时，总把事业有成的男人当作优先选择的条件。其实，女人会做出这样的选择也无可厚非，毕竟爱情还是要有面包来支撑的。

然而，如果你把事业有成和男子气概画上等号，认为做大男人掌控下的小女人就是幸福的，那么你就错了。

有一项针对商场高层精英、运动员、神职人员等做的研究指出，在任何领域中，成就愈高的佼佼者，其睾丸素的含量愈高，而睾丸素这种荷尔蒙，是一种能让男性击退敌人的内分泌，更是一种能促使男人突破困境、迈向成功的激素。

研究指出，愈是充满竞争的环境，愈会提高睾丸素的分泌量。

国外科学家更从动物的实验研究发现，睾丸素含量最高的雄性动物，最后都会成为领袖，只不过，此荷尔蒙虽然让男人充满斗志，但也会让他们具有强烈的侵略性和攻击性。

从研究来看，女人觉得带点霸气、事业有成的“总裁男”很

Man，这种带点大男人味道的温柔，就是女人心目中的神，然而这类男人在现实生活里，可能也是对女人实施家暴的危险分子。

“总裁男”的特性就是，凡事他说了算。

或许刚开始，你会觉得这个男人有主见又有个性，有气魄又有男人味，然而时间久了，你会发现，自己似乎已成了爱情里的人质，你可能开始想要反抗，然而，你的反抗只会激发他的睾丸素分泌更多，让他的“侵略”指数瞬间爆表。

研究证实，睾丸素的激发，会让男人以“肢体动作”作为情绪发泄的途径，进而造成侵略的行为，当他发现与你“沟通不良”，让他在这段婚姻中的地位受到威胁的时候，你的“不听话”很有可能就会激发他的暴力倾向，“拳头”就有可能成为你们的“沟通工具”。

因此，从科学的角度来看，各位姐妹们，最好不要再迷恋“总裁型”的男人了。

爱情科学小常识

愈是事业有成的男人，愈要定期运动

睾丸素不是男人的专利，科学家的研究指出，不只是事业有成的男性会分泌旺盛的睾丸素，在该领域意气风发的女强人，例如律师与运动员，也会分泌大量的睾丸素。

尤其愈是充满竞争的环境，愈会提高睾丸素的分泌量，大量的睾丸素会激励人们完成更多不可能的任务与目标，这样的激励有助于人们在事业上获得成功。

这也能说明，为什么科学家在神职人员身上所检测出来的睾丸素最低。

因为他们没有强烈的必胜欲望，同样地，他们所散发的侵略性与攻击性也最低。

每个女人都希望自己的男人事业有成，但过

量的睾丸素的确带有不可控的危险性，会产生无法预料的严重后果，而要避免此后果的最好方法就是，鼓励你的另一半，务必养成定期运动的好习惯，适度地“发泄”，这样会使你与他的相处更和谐。

04 / 真命天子也有“有效期限”

很多女人，花了一辈子时间找寻幸福的爱情，但奇怪的是，最后真正能得到幸福的女人，寥寥无几。

你们总会在一段感情变淡时，就开始怀疑眼前这个男人是不是你的真爱；你们也深信，没能拥有幸福的爱情，是因为没有遇到生命中对的那个人。

但事情的真相是，每段爱情都有它的期限，期限一到，男女之间的感情或多或少都会开始下降。

这是一件必然会发生的事，无关对方是否是你的真命天子。

以对婚姻的满意度来看，台湾辅仁大学儿童与家庭学系主任萧英玲曾经调查过 128 对夫妻，发现他们在婚后第一年对婚姻的满意度最高，之后则随着时间直线下滑。

产生这种结果的原因有很多，而其中有一个原因是我们的大脑。

人类之所以异于其他动物，是因为其他动物吸引异性，纯粹是为了繁衍后代，但是人类除了繁衍，也在乎情感的交流。

所以我们在挑选伴侣时，除了凭借感官认知，还会依循大脑跟心灵；前者让异性互相吸引，而后者则是决定一段感情能否持续下去的关键。

首先，从大脑来看，有科学家透过功能性磁共振成像（Functional Magnetic Resonance Imaging, FMRI），发现人类大脑里有三个区域，可能和我们爱情有很大的关系。

这三个区域分别为“中脑腹侧被盖（Ventral Tegmental）”、“伏隔核（Nucleus Accumbens）”和“尾核（Caudate Nucleus）”。

中脑腹侧被盖是“愉悦系统”和“报偿回路”的一部分，也是大脑内“多巴胺”神经的主要通道，而当你的某个行为产生了愉悦的心情，就会刺激这个区域。

例如，当你遇到一个心仪的对象，这个区域就会受到刺激，然后制造出极度兴奋与渴望的感觉。

其次，伏隔核负责分泌催产素（Oxytocin），而这种物质可以让刚看对眼的两个人彼此间的好感延续下去，也等于让这段感情有继续发生的可能性。

最后是尾核，这里主宰的是“模式化行为”，也就是让一时的激情得以长时间发展下去的区域。

不过大脑的这些功用都有一定的期限，因为依上述所说，一段爱情的开始，始于兴奋感与渴望，而靠欲望维持的爱情，大约只能维持几星期；接下来好感延续，进入蜜月期，大约可以维持一年。

一年过后，这些物质的分泌量会逐渐缓和下来，也就是说，接下来两人的感情能否“天长地久”，已经不是大脑的管辖范围了。

但也不是说亘古不变的爱情不可能发生，如果说两个人的相遇、相识、相恋有一部分是靠大脑，那么当激情退去，才是考验的开始，而这个时候，有很大的关键在于你的态度。

当大脑对爱情的影响渐渐减缓，最明显的现象就是开始出现意见不合，甚至争执，而有一些女人，在出现争执时，就会直接否定这个男人，否定这段爱情，因此错过很多原本应该是适合自己的男人。

但是国外有名学者雷蒙德·希（C. Raymond Knee）就曾经说过："关系的成长不是因为没有阻碍，恰好相反，是由于有阻碍，关系才因此有所成长，甚至更加坚强。"

如果面对感情，你总是把一些意见不合的小事，都当作两人个性不合的征兆，而不是去正视问题所在、试图解决问题，那就算让你遇上一百个真命天子，你还是会让他从你的指缝中溜走。

女人得不到幸福，最大的原因不在于真爱难求，而是真爱难维系。

在感情里遇到问题时，你该做的是想方设法，努力维系爱情；而不是忙着打退堂鼓，急着换一个男人。

但这并不是让你在遇到烂男人时，只会一味地委曲求全，而是要告诉你，要维系一段感情，需要投入相当多的时间与精力，很多人因为"浪漫爱情"而交往，但是却不知道，浪漫并不是维系爱情的首要条件。

虽然以大脑来说，一段爱情的确有它的保质期，但也先别急着对爱情感到绝望，因为虽然我们的大脑是这样运转的，但是想要怎样的爱情，还是可以靠自己来扭转。

别光顾着羡慕姐妹嫁到好老公，抱怨全天下的好男人都结婚了，你该知道的是，你眼前这个男人是否是你的真命天子，有四分之一是靠命运，四分之一是靠大脑，而剩下的一半，则是由你自己来决定的！

爱情科学小常识

爱情里的“自我认同”和“破坏性共同体”

社会学将人类的互动，分为“非个人关系”与“个人关系”。前者的互动建立在利益关系之上，比如你到超市买东西，你和收银员的互动；后者则是像家人、情侣间才有的“无私的爱与奉献”。

社会上有很多交易是在“非个人环境”中进行，所以我们对“个人关系”的渴望，会变得非常深刻和强烈。

而人类对个人关系的渴望,又称作“自我认同”，德国社会学家尼克拉斯·鲁曼（Niklas Luhmann）则主张:“追求自我认同，是我们对爱情有无比强烈的需要最主要和最强大的原因。”

所以，不管男人还是女人，在追寻另一半时，最重要的就是“无条件认同”，对方必须了解你的一切行为，并且认为你是世上独一无二的人。

但是，再契合的两个人，都是两个不同的个体，绝对会有不一样的思想，所以美国社会学家桑内特(Richard Sennett)提出了“破坏性共同体”这个概念。

意思是说，一段感情开始时，我们会毫不保留地展现自己最真的一面，而对方也会全盘接受；但往往时间一久，两个人便开始提出对方做不到的要求，然后走向分手。

而只有在不指望回报的情况下，爱情才有可能长久发展，但只要其中一人付出或妥协的比例较多，就会开始斤斤计较，接着这段爱情就会开始出现裂痕。

因此，从社会学的角度来看，我们在追求爱情的过程中，都企图追求百分之百认同自己的另一半，但如同前面所述，世上并没有这种人，所以想要有幸福的爱情，最终还是得靠彼此的妥协与尊重。

05 / 女人排卵期时，不要约！

当你某天突然觉得另一半看起来不太顺眼的时候，先别急着怀疑自己见异思迁或喜新厌旧，也不要马上跟对方闹分手，你会有这样的感觉，不一定是因为爱情退烧，有可能是每个月按时报到的“排卵期”作祟。

新墨西哥大学（The University of New Mexico）心理学教授史蒂芬·甘杰斯特（Steven Gangestad）博士针对“排卵期是否会影响女人对异性的偏好”进行实验，结果显示，排卵期确实是左右女性择偶标准的因素之一。

研究小组一共采访了66对情侣，交往时间最短一个月，最长的则有二十年，并要求男性参与智商测验，女性则要在排卵期与非排卵期时，回答有关性吸引力的问题。

调查结果显示，女性在排卵期时，比较容易对其他男人感兴趣，尤其是很Man的类型，可能是因为在这个时期，女人的生育力达到高峰，因此会倾向选择看起来较强壮，能够孕育健康后代的男性。

也就是说，如果你平常比较喜欢长相秀气的花美男，突然间却对外表阳刚的健壮男人产生兴趣，表示你目前可能正处于排卵期，由于体内激素的变化，影响到你对异性的喜好，因此在这个特殊时间点，选择另一半就要特别当心，避免一时冲动许下承诺，事后才发现自己根本“爱错了人”。

而且，研究人员还发现，处于排卵期的女性并不会把智商列入择偶标准，意思就是，女人在排卵期对于长相的偏好胜过智商，这种状态会大幅增加你在爱情里的风险，因为你有非常高的概率会挑到外表一百分，实际上却脑袋空空的草包。

模仿诺贝尔奖的“搞笑诺贝尔奖”曾经颁发过一个经济学奖，

由美国心理学家杰弗瑞·米勒（Geoffrey Miller）、约书亚·太伯（Joshua Tybur）与布兰特·乔登（Brent Jordan）获得此奖，经过研究，他们发现脱衣舞娘在非排卵期的时候，5 小时大约赚 250 美元的小费，而在排卵期时，小费可达到 350 至 400 美元，虽然研究似乎带点玩笑成分，但也显示排卵期对女人具有相当程度的影响力。

女人最常说“我觉得”或“我感觉”这种词，不过在爱情里，不可能光凭感觉就能找到跟你契合的白马王子，尤其女人在排卵期很容易吸引异性接近，能够增加许多认识好男人的机会；但是从另一个角度来看，遇到烂桃花的倒霉指数也会跟着提升，所以你必须用理智去判断眼前的男人，看他究竟是不是真的能够和你牵手走一辈子。

美国心理学家杰弗瑞·米勒试着通过计算机建立模型，让人们设定择偶条件，再从符合条件的对象里挑选，目的就是希望人们能够找到与自己最契合的最佳人选，只不过再怎么厉害的计算机，也无法解开复杂的爱情方程式，但这个研究也再次提醒了女人，不要只凭感觉替自己的未来做决定。

当你理性地去看待男人的所作所为，就会发现他砸大钱帮你过大大小小纪念日的浪漫行径，其实可能暗示着对方没有什么金钱观念；抛下手边正在进行的重要工作，只为了跟你吃一顿饭，乍看之下似乎是疼爱你的表现，背后或许潜藏着他对事情不负责任的隐忧。

选男人本来就不是一件很容易的事，男人为了得到你的青睐，会努力变成你喜欢的模样，而女人面对爱情，往往容易因为灯光美气氛佳而做出错误决定。因此为了避免“无言的结局”，宁可多花一些时间观察，也不要因为一时意乱情迷，而葬送自己一生的幸福。

尤其你在排卵期时，比平常更容易招蜂引蝶，也由于体内激素变化，导致你选到的可能根本不是自己最偏爱的类型，因此当你处于排卵期时，看对眼千万不要马上就陷下去，否则时效一过，佳偶马上成怨偶。

所以，你必须擦亮眼睛，仔细挑选真正适合自己的男人，这样就能常常甜蜜晒恩爱，幸福的爱情才不会离你愈来愈远。

爱情科学小常识

“雌激素”容易让女人花心

女性在进入排卵期时，会分泌高浓度的雌激素（Estrogen），也被称作“美丽激素”，包含雌酮（Estrone）及雌二醇（Estradiol）等，女性在儿童期时分泌量非常少，进入青春期之后则会大量增加，除了加速性征发展以外，也与许多器官组织作用，维持正常功能运作。

不过，美国生理学家根据研究，发现体内雌激素含量较高的女性，不但对自己的外形有很大的自信，与其他人相较之下也更容易花心。

美国得克萨斯大学（The University of Texas）生理学家杜兰特（Christina Durant）带领研究小组进行研究，调查对象是52位女性，年龄为17岁至30岁，受试者需提供两个唾液样本，供研究人员测量雌激素的含量，并评估自己的外表、填写两性关系的问卷，最后提供照片给评估小组打分数。

评估小组成员有两名男性及七名女性，小组成员认为外貌较出众的女性，与检测结果比对，雌二醇的含量都相当高。她们不只比其他受试者拥有更多任男朋友，出轨概率也相对较高。

不过，这项研究并不能合理化出轨的行为，爱情本来就需要沟通与经营，如果你总是见一个爱一个，那么你将会一直在交往与分手之间鬼打墙，不但浪费时间，还可能错过真正适合你的好男人。

06 / 用气味找男人更靠谱

在姐妹淘眼里，你的现任男友没有前一任那种迷死人的笑容，也没有前前一任的健美六块肌，但你对他就是怎么看怎么顺眼，这种无法自拔的恋爱症状，已经严重到让她们不禁怀疑你被下降头（传说中的一种巫术）的可能性。

不过，英国曼彻斯特大学（The University of Manchester）教授戴维斯（Daniel Davis）在著作中，引述了瑞士科学家所做的一项气味实验，而这个研究不只能解除你的疑惑，也说明了现今为何有很多“美女与野兽”的组合。

在实验中，由男学生担任受试者，他们必须两天都穿同一件衣服，之后研究人员再让女学生闻衣服的味道，并请她们对气味打分数。

经过研究发现，女性比较偏好与自己有不同“亲和性基因”的气味，而拥有不同“亲和性基因”的男人与你的基因相差很远，也就是说，在双方具有互补免疫原（Immunogenes）的情况下，你跟男人孕育的下一代，免疫系统功能可获得增强，健康风险也会降低。

这也表示，女人的嗅觉非常灵敏，从气味就可以辨别出对方是否拥有适合自己的基因，只不过大多数女人并没有意识到自己有这种能力，也不了解其实气味在无形中也成了你的择偶条件之一。

除此之外，当一个男人的气味让你感到舒适时，中枢神经就会开始释放一些纾压的激素到血液里，血清素就是其中之一。血清素上升能促使副交感神经作用，产生放松和愉悦感，不只能帮助睡眠，还能避免因压力造成的潜在疾病。

不过，爱情本来就是无解的谜题，只凭着气味就想获得幸福的结局，终究是痴人说梦，要想找到能够陪着你走向未来的另一半，你还必须思考其他择偶条件。

谈到择偶条件，讲白一点，就是女人对爱情的期望值，同时也反映出想要的未来。

如果你希望跟另一半出门很有面子，那么他就长得只能比金城武差一点；你要是想当贵妇，除了每天喝下午茶以外，还能三不五时去精品店血拼，那么你设定的标准就会是“经营家族企业的富二代”，要不然就是“月入数万的职场精英”。

但是，若只凭外在条件作为择偶依据，那么你的爱情往往会变成危机四伏的地雷区，比如说帅哥常常会有赶都赶不走的女性粉丝群，有钱的绩优股也可能把钱花在别的女人身上。

在爱情里，外在条件固然不可忽视，但若想抓住幸福，最重要的条件还是你在他心目中的地位，而这也是很多女人非常在意的事情。

因此直到现在，男人还是常被问“如果我跟你妈同时掉进水里的话，你会先救谁？”这种老掉牙的问题，只是男人的大脑善于解决问题，却猜不到你隐藏在问题背后的心思，想要确认你在他心目中有多重要，与其用无聊的问答让双方闹僵，还不如仔细观察对方跟你互动的情形。

其实男人通常都是行动派居多，因此当你发现自己不经意脱口而出的话，对方总是比你记得更清楚，也从来不弄错你的习惯与喜好时，表示这个男人非常重视你，也愿意在你身上花费很多心思。一旦你成为他心中最特别的存在，虽然男人嘴上不说，但从他的一举一动就能感受只专属于你的特别待遇，当一个男人很多事情都以你为重，对你也呵护有加，要想不幸福其实都很难。

总之，每个女人的择偶条件都不尽相同，但是如果你坚持把高富帅当作择偶标准，傻傻地以为“总有一天等到你”，那你最好就要有当剩女的心理准备，因为这种男人通常都只会在偶像剧里出现，不然就只能是你做白日梦的参考范本而已。

只要是女人，都想找到生命中那位独一无二的 Mr. Right，只是天底下这么多男人，怎么选才能选到合适的对象，让很多女人都伤透了脑筋，不过，如果你明白关于气味的爱情真相，把“气味相投”作为择偶条件之一，那么你就有比别人更多的机会，能够找到真正适合你的好男人，在爱情里的幸福指数也会比其他人高出很多。

爱情科学小常识

提高幸福指数的“年龄差距”

每个人心中都有属于自己的择偶标准，而科学家经过一项研究发现，如果夫妻双方年龄相差五岁以上，而且男方年纪较大，婚姻关系比较能够保持稳定，也最不容易离婚。

英国巴斯大学（University of Bath）的伊曼纽尔·弗拉格涅尔（Emmanuel Fragniere）教授，针对1534对情侣进行研究，结果显示，若双方都没有离婚记录，并受过良好的教育，且男方年纪比女方大5岁以上的情况下，这种组合在相处时最不容易产生摩擦，离婚率也比较低，约为其他婚姻的六分之一。

除此之外，维也纳大学（University of Vienna）也有调查显示，若是妻子的年龄比丈夫小

4~6岁，生育的小孩数量，会比其他年龄差距的组合来得多。

“男大女小”能够维持较长远的关系，主要是因为岁数较大的男方，通常拥有一定的经济能力，能够减少因“贫贱夫妻百事哀”引起的经济纠纷，心理层面相对来说也成熟许多，能够以合宜的态度面对事情，也具备较好的问题解决能力。

大部分的女人都希望遇见成熟体贴，同时又充满活力的男人，而科学家已经用研究告诉你，相差五岁的男人或许是一个不错的选择，因此，在挑选另一半的时候，不妨也把年龄这个项目加入你的择偶条件吧。

07 / 男人吞口水的次数，决定他喜不喜欢你

女人在开始谈恋爱之前，大部分的烦恼都来自生活中会出现几个暧昧不明的对象，你以为某个男人常常约你出来吃饭看电影，或每天晚上和你打电话发信息聊上几个小时，就等于他很喜欢你。但其实这些从不代表什么，你们之间也什么都不是。

实际上，如果想确定他喜不喜欢你，与其跟姐妹淘讨论半天，倒不如注意他吞口水的次数。

曾有一位知名的运动选手，被拍到在路边看到美女，疑似猛吞口水的画面。可别以为这一定是媒体穿凿附会，看图说故事，因为已经有科学家证明，男人真的会“垂涎”美色。

芝加哥大学（The University of Chicago）心理生物学研究所的研究结果显示，当异性恋男人互相闲聊时，他们唾液中的睾丸素含量保持不变，但是他们在和女性闲聊时，他们的唾液明显变多，睾丸激素会快速飙升，只要短短五分钟，这些男人体内的睾丸激素就产生了巨大变化。

这意味着，当男人受女人吸引时，会大量分泌唾液，口水中的睾丸素也会增加，那些在电影中才会出现的情节并不夸张，男人如果对女人有好感，是会忍不住一直吞口水的。

负责主持这项研究的詹姆斯·罗尼博士（James Roney）指出，如果男性感觉到眼前的美女对自己有兴趣，他们唾液中的睾丸激素会变多，代表着男人想对女人“示爱”或“炫耀”，从其他生物身上，也能够发现这种以内分泌求爱的雄性生理反应。

其实，男人会有这样的生理反应，一点都不奇怪。

因为睾丸素对男性的大脑，有相当大的影响，它的分泌能强化男人的“雄性化特征”，例如喜爱冒险、好胜、竞争心强、强烈的支配欲以及占有欲。更重要的是，根据美国《健康》杂志报道，睾丸素是一种催情化合物，能够增强人的性欲，当睾丸素透过唾液传递给对方后，也会增强对方的性欲。

所以，当“猎物”出现，激起男人追求的欲望时，他们当然也会希望女性对自己也有同样的感觉，所以下意识中，唾液的量也会增加。

之前在网络上看过一个女生分享的恋爱经验：某一天，她的男朋友主动提议说要玩一个“谁先理对方谁就输”的游戏，没想到隔了一年半这个男人都没有联络她，她才惊觉原来自己已经被甩了。

这个故事虽然荒谬可笑，但也反映出女人在感情里面总是习惯被动地接收讯息，然后自己在心里的小剧场瞎猜半天，还是搞不清楚男人真正的想法是什么。

从另一个方面来说，当男人告诉你，电视上的正妹、路边的槟榔西施不是他的菜，他或许可以给你一百个理由，像是“我觉得她不耐看，感觉有点做作”“卸了妆应该没人认得她是谁”“外表又不是重点”……你可能就会以为眼前的男人不是肤浅的视觉动物，他们更看重的是女人的个性。

其实，即使他在你面前把“理想型”说得再天花乱坠，也没有办法掩饰他喉结颤动和不断吞口水的小动作，因为男人无法抑制最本能的喜好。

电影《全民情圣》中有句台词说：“人类沟通互动时，有六成靠肢体语言，三成靠说话的音调，这表示人们想传达的想法里，有九成都不是用嘴巴讲的。”

其实，你获得幸福的关键，都藏在一些细节里，只要你从科学角度掌握了人性，再微小的蛛丝马迹，都是放大检视他到底喜不喜欢你的重要线索。

08 / 多谈恋爱，不吃亏

大多数人都认为爱情就该“宁缺毋滥”，为了等到真正的理想型男人出现，女人宁可白白浪费大好青春在原地等待。其实，恋爱经验丰富不代表你就是个随便又放荡的浪女，反而可以帮你拓展人际关系，让你更能掌握属于自己的幸福。

先前在电视上看到一则新闻，一个在科学园区担任工程师的女博士，在网络上结识了自称是美国中情局（CIA）局长的某个外国男子，她深信自己遇到了生命中的真爱，两个人会在浪漫的巴黎结婚，却因为外国男友遇到手头资金“周转不灵”，这个女博士前后汇了数百万元台币给对方应急，最后却发现男子寄回来伪造的旅行支票，才惊觉被骗。

类似这样的事件层出不穷，仔细探究这些女人被骗的原因，不是因为她们太笨、智商太低，而是活到三十几岁才开始谈恋爱，人生经验严重不足。

根据统计调查发现，学历高对于谈恋爱并没有帮助，因为她们往往活在象牙塔里，缺乏生活常识，不懂得表达情感；而恋爱次数越多的人却更能谈好恋爱，她们不但善用谈话的技巧，也能寻求人际关系的平衡。

在医学研究报告中，人类的大脑会分泌“催产素”，可抑制脑部杏仁核的机制，催产素是一种保护性的荷尔蒙，一般被称为“抱抱化学物质（Cuddle Chemical）”，或“爱情激素”。

研究结果告诉我们，催产素不但有助于减轻压力、缓解疼痛，还能够降低对外界的防备心与恐惧感，对于形成和维持一段交往关系有重大的影响。

尤其是感情顺利或婚姻幸福的男女，他们大脑所分泌的催产素含量较高，促使身心产生愉悦的感觉，因此有增进人类社交活动的功能。

瑞士和美国的科学家也通过实验证明，含有催产素的口鼻喷雾剂能促进人们的信任感，只要按几下喷雾剂，人们就明显更相信对方。

这意味着当你谈恋爱时，你的身体会分泌出减压荷尔蒙，这时候，脑部所产生的催产素会让你变得更有同理心，更乐于给予他人协助，帮助你放下心防去接触新的人事物，当然也会提升你的社交关系与能力。

从另一个角度来说，空窗太久，很容易让人习惯单身的生活，即使有时觉得寂寞，也不敢为了爱情改变自己的生活状态，就有可能成为别人口中的“剩女”。

相对地，经过几段恋情之后，你不再是个窝在家里的“宅女”或“剩女”，能更自在地表达感情，当你遇见更好的对象时，就不会再轻易错过幸福的机会。

几年前，日本发明了一台“人际关系计算器”，乍看之下和一般的计算器没什么两样，但只要输入自己和对方的基本资料，就可以计算出两人的个性，还能算出恋爱和交友的速配指数。

虽然拿加减乘除来计算感情只是个噱头，但事实上，你的恋爱经验和社交能力的确是成正比的，多谈几次恋爱对女人来说，并不是破罐子破摔，而是告诉你，这个世界比你想象得更大、更有趣。

有人说，女人一谈恋爱就像新车落地，身价马上就打七折，还不如一开始就保持矜持纯真的心，等待一个真正爱你的人，去谈一场有深度的恋爱。

但是，人终究是群居动物，如果你总是活在自己想象出来的城堡里，等着白马王子来跟你谈场完美的恋爱，这真的比熊猫想拍彩色照片还不实际。

与其东挑西拣最后挑到个卖龙眼的，不如勇敢地尝试恋爱，虽然可能会受伤，但是你也会在过程中，练习与人沟通的能力，同时培养眼光，才能在真爱来敲门时，更轻松地掌握想要的幸福。

爱情科学小常识

位于恐惧中心的杏仁核

杏仁核（Amygdala）正如它的名字，是大脑边缘系统中，一个形状像杏仁的构造，它主导紧张、焦虑和恐惧等负面的情绪，所以又有“恐惧中枢”的别称。

根据研究，我们感官接收的讯息，绝大部分会传输到大脑皮质，并且在经过分析后做出反应；而另一种传输方式则是直接到达杏仁核，这种传送快速但讯息却不精确。

这是因为当我们受到刺激时，出于自我保护机制，杏仁核会在大脑之前令身体做出反应，让我们免于受伤。比如“看见黑影就开枪”，就是典型因为杏仁核受到刺激，在恐惧的反应下不假思索而采取的行动。

在著名的恐惧增强惊吓试验（Fear Potentiated Startle Test）中，科学家发现杏仁核受损的老鼠在受到刺激后，惊跳反应会明显比正常的老鼠低；从这个结果可以得知，恐惧的反应与杏仁核有关。

此外，部分精神疾病也与杏仁核有关，像现代人容易罹患的忧郁症，部分原因就是杏仁核过度活化，而产生了过多的负面情绪。

正因为如此，谈一场有深度的恋爱，让催产素适度抑制杏仁核，对调剂身心健康也能起不小的作用。

09 / 恋爱中的女人更聪明

一般人普遍以为，女人只要一谈恋爱就像傻瓜，不但脑袋空空而且还很脆弱，所以有愈来愈多女人开始自居为“败犬女”，代表自己是高收入、高学历，事业成功又能享受单身生活的时代新女性。

实际上，选择悠闲自在地一个人生活，才是让自己变笨的开始。

尽管过去曾有一个研究表明，恋爱之所以让人盲目，是因为人在谈恋爱时，大脑会因荷尔蒙的改变而关闭四到五个区域，使得大脑丧失一切与负面情感相关的感觉，甚至人类原有的价值判断与情感归属也会跟着一起消失，种种的行为举止也会因此而发生改变。

不过美国雪城大学（Syracuse University）的研究团队，在美国化学论文网站 EurekAlert! 上所刊登的研究论文，提出了另一个完全不同的观点。

该研究团队通过功能性磁共振成像（FMRI）来观察男女大脑反应，结果显示正处于恋爱阶段的受试者，其大脑的智力比没有谈恋爱者更为发达。

在实验中，无论男女，当他们开始热恋之后，大脑的智力表现会比没有谈恋爱的人要出色，是因为恋爱中的人，其脑部会分泌多巴胺、后叶催产素以及肾上腺素，会释放出让人感受到幸福感的荷尔蒙，因此连带对感情的表达等诸多能力产生影响，带动整个大脑的灵敏度一起提升。

一般人都认为，女人在坠入爱河之后会变得漂亮，但是这个实验结果却告诉我们一个重要的讯息，女人好好地谈场恋爱，不但可以让自己变美，同时你还可以变得更聪明。

在许多医学研究里，父母和子女之间无条件的亲情，会刺激大脑多个领域的机能；同样地，男女之间的爱情，也有助于促进大脑的补偿和认知能力。这充分说明，只要真正沉浸在爱情里，不但会促使恋爱中的男女对外界的认知能力变强，感受和心思也会变得更为细腻。

所以，热恋不但不会使人变笨，反而还能提高大脑的活动能力，让你的沟通表达都比平常更加敏锐。

日本某个畅销书作家曾经提到："美丽又能干的女人，只要过了适婚年龄还是单身，就是一只败犬；平庸又无能的女人，只要结婚生子，就是一只胜犬。"

也许你会说，女人就算不交男朋友，也可以活得很精彩，而且不用委屈自己去讨好男人。

没错，或许经济独立的女人，看起来好像可以自由自在去学瑜伽或皮拉提斯，可以用自己赚来的钱去环游世界，可以享受一个人的美好人生，但是回归到生活现实面，当你的身体比别人分泌更少的恋爱激素，不但心灵容易老化，连大脑的智力也会慢慢退化。

其实，谈恋爱不只是为了告别单身生活，摆脱剩女的名号，而是真正学会从一个人的"独处"变成两个人的"相处"，当你为了掳获男人的心而花费许多心思时，你的脑袋就会更加卖力地运转；当一个人的爱情被激化或感情受到考验时，思考往往也会变得更灵活。

爱情不会让你荒废事业，相反，你会因为谈恋爱而变得更加细心敏锐，这些优点也会反映在你的工作表现上，让你变成一个更好的女人。

爱情科学小常识

“催产素”的神奇效用

催产素是大脑产生的激素，顾名思义，催产素能够促使子宫收缩、造成分娩。但是，随着近几年的科学研究，发现催产素的作用不止于此，它甚至在产后还能继续发挥功能。

根据研究指出，催产素除了能够帮助生产，还能在分娩的过程中形成保护机制，让产妇免于过度的疼痛。

耶鲁大学（Yale University）儿童研究中心的詹姆斯·雷克曼（James F. Leckman）医师更指出，催产素含量较高的母亲比较会对孩子轻声细语，也比较能以正面的情绪态度、爱抚或开心的表情响应婴儿。

也就是说，如果母亲体内催产素的含量较高，更容易建立亲密的亲子关系；相对地，如果产妇的催产素含量低，产后忧郁发生的概率就偏高。

不只是孕妇才会产生催产素，以色列巴伊兰大学（Bar-IIan University）的心理学教授露丝·费尔德曼（Ruth Feldman）认为，热恋情侣脑内的催产素，会大幅升高，甚至可达到孕妇的两倍之多；而另外也有研究指出，婚姻幸福的夫妻大脑中催产素的含量较高。

所以，谈恋爱时所分泌的催产素，其实就是你维持幸福的关键之一。

10 / 女人见人就微笑，只会招来烂桃花

很多女人为了追求幸福的爱情，积极地参加联谊相亲，甚至求神问卜拜月老，却总是等不到对的人出现，反而常常吸引来一堆“烂桃花”，惹得一身腥。

想避开爱情陷阱，你要认清一个事实：大多数的男人都不是因为真心喜欢一个女人才展开追求，而是因为那个女人感觉很好追。

而男人会产生这种错觉，很可能就是因为你太有礼貌。

其实，这并不是女人的错，而是因为男人很容易产生“这个女人对我有好感”的错觉。说穿了，就是男人比女人更爱犯花痴。

有一项科学实验找来一对男女进行五分钟的对谈，并且在他们不知情的状况下，有另一对男女观察这对受试者的互动。

当对话结束后，男性受试者与男性观察者一致认为，女性受试者在对话过程中诱惑男性受试者，男性受试者甚至表示受到女性受试者的性诱惑，但是两位女性则持完全相反的观点。

从这项实验结果可以很清楚地发现，男性往往比女性更容易感受到性关系发生的可能性，即使只是一般的人际往来，也会使他们产生错觉。

对于男人为何比女人更容易自我感觉良好，有两位演化学心理学家玛蒂·哈瑟尔顿（Martie G. Haselton）和戴维·巴思（David M. Buss）引用了“错误管理理论”（Error Management Theory）对此状况做出解释。

“错误管理理论”的意思是说，人会下一些决定，常常会导致错误的结果。但是，因为有些结果的代价比较高，天择的机制偏好将错误的“代价”降到最低，而不是把犯错的“次数”降到最低。

好比说，当男人认为女人受到他的吸引，但其实没有的时候，这项误判让男人付出的“代价”顶多是被拒绝、嘲笑。

但是，如果男人认为女人没有受到他的吸引，其实女人对他有好感的状况下，这项误判让男人付出的代价，则是丢失一次性交与繁衍的机会。

同样是错误的判断，但是相较之下，后者付出的代价比前者大得多，所以男人很容易产生认知上的偏差，导致他们“宁可错杀一百，不可放过一个”的做法，使他们高估女人受到他们吸引的程度。

曾经有一则新闻报道，有个男子因为固定到某间超市买东西，女店员基于礼貌对他微笑，时间一久，男子便误会女店员对自己有意思，开始死缠烂打地追求，甚至骚扰对方的生活，逼得女店员不得不报警处理。

只是一个礼貌性的微笑，却为自己惹上这么多麻烦，一定会有很多人对这种情形心有戚戚焉。你或许也有类似的经验，明明没有做什么，对方却认定你喜欢他，拼命死缠烂打，让你因此不堪其扰。

说穿了，很多时候，男人追你并不是真正喜欢上你这个人，而只是由于你一些无心的礼貌性举动，令他觉得可以有性交与繁衍的机会，他只是单纯地不想错过这个机会。

只不过，男人的这种心态很难被改变，你能做的，就是在没有好感的对象面前，更加注意自己的言行举止，避免他太高估你受他吸引的程度。

也许你觉得交谈的时候，一定要看着对方的眼睛才有礼貌，但是，美国《时代》（*Time*）杂志指出，无论男女，在与有好感的对象交谈时，都乐于进行长时间的眼神接触。

所以，如果你跟一个男人交谈时，一直盯着他的眼睛看，还附带甜美的微笑，这一定会令他觉得你被吸引的程度急速飙升，搞不好还认为你在诱惑他。

假如你不想表现出失礼的样子，最好的方式，就是将眼神专注在面前的咖啡或桌面上，偶尔短暂的眼神交会，甚至不用一直挂着笑容，也能让男人不敢随意高估你对他的兴趣。

其实，只要你了解男人心有多花痴后，更注意自己的行为举止，就不用老到庙里“斩桃花”，至于你甜美的微笑以及凝视的眼神，只留给你喜欢的人就好。

11 / 不要因为同居久了就结婚

大多数女人都觉得，先同居再结婚是一个安全有保障的选项，你可以提前在生活中完全了解另一半的各种习惯，比较不容易嫁给所谓的双面人。

但是，你不知道的是，其实你反而很容易因为同居做出错误的决定，走入婚姻的牢笼，难以脱身。

美国的《家庭心理学杂志》（*Journal of Family Psychology*）先前刊登了一项研究结果，在结婚前同居的夫妻，离婚率比从未同居过的夫妻高一倍，他们对婚姻的满足感也相对比较低。

有研究发现，婚前同居者的离婚率在欧美国家竟然高达

80%，同居的女人和小孩甚至更容易成为家庭暴力与性虐待的目标。

两个人从谈恋爱到同居，同居之后结婚，似乎是顺水推舟的过程，但其实没有表面上看起来那么美好，出于内疚或恐惧，甚至生了孩子这种前提下勉强决定结婚，婚后生活也容易变质。

同居不是为了结婚而暖身，很多男人在与女人同居好几年之后选择结婚，原因是住在一起那么久，最后没有结婚似乎对不起女友，仿佛自己占用了对方太多时间。

有些女人想也没想就开始和男友同居，之后在生活中出现了许多摩擦争执，但是却没有离开对方的勇气，因为女人过了一定的年纪再重新投入单身市场，也很难遇到好对象，所以宁可选择结婚来逃避现实。

因为她们天真地觉得，只要先把男人抓牢了，两人之间的种种不合可以靠婚姻来改善。

也许本来是想借由同居来测试两人是否适合共同生活，但是时间久了，反而很容易产生“既然都已经住在一起了，那就睁一只眼闭一只眼”的想法，所以你容忍他总是晚归、完全不分摊家事、生活习惯差……但是，一旦结婚之后，这些“小事”往往成为导致婚姻破裂的导火线，更别说要借着婚姻来改善什么了。

另外，美国鲍林格林州立大学（Bowling Green State University）的社会学家所提出的研究调查结果则显示，在同居男女中，如果是男方主动想要结婚，那么走入婚姻的机会比较大；如果只有女方想结婚，则未必能如其所愿。

很显然地，男人和女人有时对于同居的理解有所不同，当你认为两个人正在一步步按照计划迈向婚姻的同时，男人思考的可能只是想要节省房租，以及享受有人做伴的生活而已。

假如两人对于同居的意义没有共识，那么“同居”只是一场办家家酒，根本没办法为两人的感情关系带来任何帮助。

事实上，同居对情侣来说，应该是最残酷的“考试”。你应该通过同居，仔细地检查对方，再来决定要把这段关系“当掉”，或者“Pass”，走向婚姻。

有个著名的哲学家说过：“假如一对男女如果没有性经验就贸然结婚，就如同一个房屋买主一直到搬家那天才看到自己的房子，万一不合适，该怎么办呢？”

如果把结婚比喻为买房，那么同居就像出租屋，很多人在搬进去住之后，时间一长，人都是有惰性的，你也懒得再出去物色其他房子，一想到要搬家就麻烦，反正也住习惯了，不如把房子买下来。

但是，你没想到的是，如果只是因为不满意出租屋而退租，你只是要再搬一次家，必须得花去一些搬家的时间，但是只要能搬到另一个让你满意的地方，你根本也不会把过去那些时间放在心上。

而且，当这房子不属于你的时候，许多问题不需要特别在意，因为你保有可以随时搬家的自由，一旦买房签字之后，往往才惊觉这根本不是你理想中的房屋，但是，房子却无法马上就脱手，你只能被无奈地困在里面。

事实上，结婚终究不是买屋卖屋，房子转手卖给别人你还有赚钱的空间，但是因为同居而半推半就地踏入婚姻，有时候不是你想要认赔杀出就能够止血的了。

爱情科学小常识

love

同居与试婚的异同

同居是测试一对情侣在生活上是否合适的考验，而比同居更进一步的，则是“试婚”。比起同居，试婚这项行为更能彰显你们对婚姻的向往和一定程度的恐惧。你们会更认真看待这件事情，所以在面对问题时，试婚的情侣也会花费更多心思去解决。

而值得注意的是，因为你们在生活上也会仿真婚后的模式，所以除了情感，连财产都会不分彼此；但是试婚并没有法律的保障，所以很多试婚后发现不合的情侣都表示，在试婚后分手，竟然和离婚一样困难。这也是很多人试婚后就会因为懒得分手，而选择走上结婚一途的原因。

所以同居和试婚相同的是，曾有过试婚跟同居后的婚姻，其离婚率都一样，不降反升。美国曾经针对3000多个家庭做过调查,发现婚姻失和的风险,随着试婚的流行而增大。

你要知道的是，试婚并不能使婚姻更加稳固，而试婚和结婚虽然只差在那一张结婚证书上，但那张结婚证书代表的是法律的保障，同时却也是束缚。所以当你的试婚已经出现一些问题，千万别硬着头皮结婚，否则将来要面对的是更难解决的法律纠纷。

其实，不管是同居还是试婚，是好是坏没有标准答案；重点是你们在决定要结婚之前，必须排除一切外在因素，再三确定你们彼此是否真的合适。

12 / 为了结婚而结婚，健康也会受威胁

很多女人结婚的原因，是因为“年龄到了”，所以差不多该找个人嫁了；或是为了给父母长辈有个交代、为了符合社会价值观而草草结婚，却没有想到，在这样前提下而结婚所带来的“后遗症”，远比你所想象的还要严重。

在连续剧《败犬女王》中，女主角的妈妈在她出嫁前，讲出一句发人深省的话，她说：“你不要为了结婚而结婚，结婚证书只能证明你有另外一半，但是它没办法保证，你下半辈子会是快乐的。”

在剧中，女主角的妈妈一直都担心即将成为“败犬女”的女

儿嫁不出去，用尽千方百计四处“推销”她，等到女儿真的要结婚了，妈妈却看出了女儿埋藏在心中的那一丝犹豫，才会希望女儿能谨慎做出最对的决定。

现在很多女人，年纪逼近三十还没有结婚，感觉自己手上的筹码愈来愈少，于是，只要有人肯娶就点头，就算对方条件不是特别好，但是因为刚好在这个时间点出现了，满足你想要走进婚姻殿堂的需求，所以你就决定嫁给他了。

然而，为了结婚而结婚的婚姻，更容易发生问题，甚至以离婚的悲剧收场。而且严重的不只如此，不幸的婚姻不只让你伤心，而且还严重侵蚀你的健康。

圣地亚哥州立大学和匹兹堡大学（University of Pittsburgh）的一项联合研究证实，婚姻生活的满意度高，的确能够延长人们的寿命，同时也帮助他们降低罹患心脏病的概率。

但是，不幸的婚姻所造成的伤害，远远抵消幸福婚姻所带来的好处。

许多心脏病专科医生表示，在进行治疗的时候，比起病情本身，更需要处理的是与病人情绪相关的问题，比如说，婚姻生活不和谐所产生的各种负面情绪，就会直接影响病人的心脏健康。

知名心脏病专科医师史蒂芬·西纳查（Stephen T. Sinatra）指出，由伤心难过、心碎忧伤等负面情绪所引发的压力，会使一个人的主动脉逐渐堵塞。

临床研究也发现，很多原本身体健康的人，会因为生活中的各种压力，例如一段失败的婚姻，对身体造成极大的伤害，就算用上好的药物，也不能弥补压力带来的创伤。

这意味着，如果你结婚的目的只是想要随便找个人凑合着过，那么结婚之后所遇到的种种激烈摩擦，你所承受的每一分压力，无形中都在耗损你的健康。

根据美国俄亥俄州立大学（The Ohio State University）医学院的研究报告指出，“负面的婚姻互动”像大吵大闹和互相摆臭脸冷战，会让一个人的肾上腺皮质醇浓度升高，造成免疫功能降低，甚至连伤口愈合能力都变差，而这样的情况在女性身上尤为严重。

假如你总是习惯对男人的行为睁一只眼闭一只眼，反复安慰自己没有人是十全十美的，那你必须做好准备，不要躺在病床上才顿悟到，原来一段错误的婚姻，是潜伏在身体里的致命危机。

结婚可以说是一种高报酬、高风险的“投资”，幸福婚姻让人“长命百岁”，但不幸婚姻却加速生命的“终结”。

所以，寻找合适的对象是最重要的第一步，如果婚姻不幸福，不要再留恋了，赶快从不幸的泥沼中脱离吧，这样你才不会连本带利，把身心健康都赔进不幸的恋情里。

爱情科学小常识

不幸的“安全感”，只是你自我安慰的假象

之前有个心理医师在媒体上指出，女人平均被男人家暴十七次，才肯面对现实，下定决心向外求救。然而，这些长期忍受拳头伺候，将自己的生命暴露在危险之下的女人，为什么却又会在法庭上，为这个打骂自己的男人求情？

其实，这就是所谓的“斯德哥尔摩综合征（Stockholm Syndrome）”，也就是说，被害者在长期受到侵害之下，决定放弃反抗，为了保住生命而认同施暴者，以期获得安全感的一种心理转变。

同样地，在我们身边，也常看到很多夫妻或情侣吵得不可开交，可是无论别人怎么劝离，他们也不肯“断舍离”，这种情况就是弗洛伊德（Sigmund

Freud）所谓的“超越快乐原则（Beyond the Pleasure Principle）”。

弗洛伊德指出，人在经历创伤之后，会不断去回想创伤的场景，即便这个场景让他们感到痛苦；但唯有不断回想，让自己陷在痛苦的情境里，反而才能带给他们安全感，这也就是无论情侣们怎么吵也不肯分手的原因之一。

无论是恋爱还是婚姻，对一个女人日后的身心健康，都扮演着重要的角色，但很显然地，男女在这当中并不是处于对等互惠的地位，很多女人往往“不见棺材不掉泪”，就算明白一段婚姻可能有害健康，被男人家暴打得遍体鳞伤，仍不肯做出积极的行动来改变现状。

女人们一定要清楚地从健康的角度来正视两人的问题，不幸福的“安全感”只是自我安慰的假象，它们对你的健康所带来的冲击，才是最活生生的影响。

PART / 2

男人天性使然的『坏毛病』，适应为上

“你根本就没有在听我说话！”一声怒吼后的狂风暴雨令许多人头痛。其实很多时候确实是因为男人天生听力不敏锐，他们可能真的没听见。

13 / 要他记得所有纪念日是不可能的

姐妹淘的聚会里，总少不了挞伐男朋友的桥段，尤其谈到“纪念日”，每个人更是一肚子气，有人为此跟男朋友大吵，连邻居都来劝架，还有人干脆直接分手，说出一辈子老死不相往来的狠话。

女人认为男人不记得纪念日就是“没良心”，还会疑神疑鬼当起侦探，决心要查明是否有小三作祟。其实男人并非不重视你，也没有在外面风流，而是因为男女天生脑部机能的差异，才让他没办法细数大大小小的纪念日。

根据研究显示，相对于女人能够记住很多特别的事件，男人的记忆通常都会随着时间逐渐淡去，这一切都跟脑部深处的海马体（Hippocampus）有关。海马体是大脑边缘系统的一部分，主要功能是掌管长期记忆。我们在日常生活中的每个感官体验，例如马路的汽车引擎声、刚出炉的面包香味、工作上提案的简报档案，全部都会在海马体形成记忆，然后经由不断回馈的神经网络，将重点部分转为长期记忆。

科学家相信，女性的海马体比较大，对于情境体验的记忆力相对较强，情绪感受力也会随之提高，感受愈强，海马体能留住的记忆就会愈清晰；相较之下男性的海马体比较小，因此无法像女性一样可以记住事情发生的各种细节。

研究还指出，女性不但拥有较强的记忆力，甚至还能重新建构过去的场景，例如告白时的天气、对方说了哪些话、第一次牵手的地点、某个周年纪念日送了什么礼物，通常女性的记忆不只能保留很久，影像也更鲜活。

每一次纪念日在你的记忆中，就像是一场场 4DX 电影，除了具备 3D 的立体影像功能之外，还可以重现对方身上的味道、灯光的明暗以及互相拥抱的力道，相较之下，纪念日就像电影剧照暂存在男人脑中，当电影结束的同时，就已经准备好要清空档案。

既然明白男人天生没办法记得纪念日，你就不要再像以前那样，老是一把眼泪一把鼻涕地质问对方爱不爱你。会主动替你过每个重要日子的男人固然贴心，但并不保证他一定痴心，要是你一直用这种标准挑男人，保证你遇到爱情骗子的机会比其他人都多。

在前面的研究中，曾经提到男人的记忆比较短暂，不过，若是你跟他吵架时满脸怒气，手中作势要拿东西丢他，甚至说出“大不了分手”的气话，像这样让他感受到敌意以及威胁的情景，就会深刻地留在他的脑中。

也就是说，你必须明白，除非是真的想要结束这段关系，不然别把分手这种事挂在嘴边，否则往后只要发生争执，他脑中就会浮现你曾经做过的粗暴动作，还有扬言分手的不屑嘴脸，难保哪天他不会心一横就翻脸走人。

说到底，女人会这么看重纪念日，就是希望重温爱情中的甜蜜，与其测试男人是否记得大大小小的纪念日，还不如主动提醒，邀他一起规划当天的用餐地点或旅游行程，才不至于因为期待落空，造成双方不愉快，还让他因此背上“没良心”的罪名。

想要在爱情里获得幸福，你就不该把那些似是而非的观念，当作选择另一半的标准，或以此对待愿意跟你牵手走下去的人，否则在未来的日子里，你就没有甜蜜的纪念日可以庆祝，只能自己一个人孤单地在咖啡厅里过分手纪念日。

爱情科学小常识

love

想让他记得重要的日子，你可以采取的小技巧

根据心理学家艾宾浩斯（H. Ebbinghaus）提出的“遗忘曲线（Forgetting Curve）”理论，遗忘会在接收信息后立刻开始，而且以刚开始时的遗忘速度最快。

而根据这份研究，加深记忆的黄金时间，在于初次接触信息后的一天内。也就是说，希望对方记住某件事时，可以在一天后再次提醒他，这比要求他马上记住更实在和有效；而这样反复施行几次，就可以将重要的信息存进他的“长期记忆（Long-Term Memory）”数据库中。

从另一方面来看，要把刚接收的信息从“短期记忆（Short-Term Memory）”转变为“长期记忆”，

这个动作对大脑来说是一种“编码（Encoding）”的过程。有意义的内容能帮助编码的进行，比如找出既有知识和新信息的链接，也可以通过联想，为新信息附加意义。

所以说，善用编码和复习，有助于提高男人对“特别日子”的记忆。例如你可以在初次约会后的隔天给予提示，帮助男友回忆起昨日的情景，加深对这一天的印象；又或者，你可以在彼此都看得见的地方挂一本月历，圈出纪念日那天，甚至在日期接近前，每天不经意地倒数，使他反复记忆，这样到了明年，他想忘记这天都不太容易了。

14 / 你愈嫌弃他，他就愈糟糕

有时女人最大的烦恼不是爱或不爱，而是自己明明是为了对方好，但是为什么男人会变得愈教愈笨、愈念愈糟。但是，你一定不知道，男人之所以会愈变愈糟，罪魁祸首很有可能就是你那张碎碎念不停的嘴巴。

假如你总是一天到晚嫌弃男人，说他哪里不够好、哪里应该要改善，想刺激他变得更好，那么你应该要换个方法了。

美国佛罗里达州立大学（Florida State University）一项研究调查显示，为了要刺激某人减肥而说人胖，效果往往适得其反。

这项研究找来了超过6000人，为的就是了解肥胖与“肥胖名词歧视”之间的关联。

令人惊讶的是，根据统计，被各种肥胖称呼歧视的受访者，比一般受访者更容易发胖的概率高出2.5倍，而一般人认为的男女性别或是种族等其他因素，在过去四年的数据显示与肥胖并没有直接关联性。

简而言之，叫人“胖子”只会让对方变得更胖，甚至比别人更容易变胖。也就是说，如果你成天挑剔抱怨自己的男友，实际上根本无法达到激励他们的效果。

这项研究报告还指出，目前已经有足够的证据证明，肥胖名词的歧视与食量变大有关，这有可能是身体机能，也有可能是心理对于肥胖歧视的沮丧，进而产生的身体反应。

也就是说，如果你希望男友减肥，可别以为你的挑剔能够达到吓阻作用，让他少吃两碗饭。

事实上，你的嫌弃只会让他更加自暴自弃，干脆多吃一包咸酥鸡，来安慰自己受创的心灵。

实际上，不只是肥胖的问题，男人其他的缺点，也不会因为你的嫌弃而有任何改善。

其实，这不是因为男人不受教，而是因为你不断地嫌弃抱怨，对他产生了负面的“心理暗示”，才会让他变得愈来愈糟。

更何况，男人本来就是一条直线思考的动物，你说什么话，给他什么“暗示”，他都会直觉性地收下。

好比说，如果你一天到晚嫌他胖得跟猪一样，虽然你的出发点是为他的健康着想，但是长期接收这项信息之后，他就会产生“对，我就是胖得跟猪一样”的想法。

即使这个想法是不对的、负面的，但他的心理却会不由自主地让自己“符合”这个想法，导致愈来愈胖。

千万不要小看“心理暗示”的力量，事实上，我们在生活中无时无刻不在接收外界的暗示，就像电视广告对购物造成的心理暗示，或偶像剧里的植入性营销，因为广告不断播放，潜意识逐渐受到影响，会左右你在购物时的决定。

同样的道理，假如你不断嫌弃男友的缺点，使他们总是生活在负面的否定中，时间一长，只会让男人更想跟你唱反调。

美国《读者文摘》(*Reader's Digest*)上曾经刊登过一篇文章，

内容是关于托莱多大学（The University of Toledo）心理学家的研究结果："男性其实和女性同样敏感，只不过他们比较不善于掌握表达的时机。"

就这个研究结果来看，男人只是由于不知道该在什么时候表达自己的不满，只好拼命压抑。最后他不但不能变成你的"理想型"，甚至不愿意敞开心胸与你沟通。

所以，与其用尖酸刻薄的批评，倒不如用"正面的心理暗示"让他愈来愈好。

日本过去曾有个减肥达人分享自己的减肥秘籍，就是每天一早起来，对着镜子中的自己说："你好瘦！""你真的很漂亮！""你愈来愈苗条了！"

这个方法乍看之下很不切实际，不过说穿了，这也是一种"心理暗示"。

通过正面的鼓励，让自己的大脑与心产生了"我很好""我会愈来愈棒"的认知，人的生理、心理就会努力地让自己符合这项认知。

安徒生（Hans Christian Andersen）曾在童话故事里写道：“如果一个太太相信自己的另一半是全世界最棒的人，并且相信他所做的每一件事，那么，她一定能够得到她想要的结果。”

其实，想改造男人并没有想象中的困难，你只要按照心目中理想男人的标准去赞美他，他就会接收你的“暗示”，朝你想要的方向努力，你们两个才会离真正的幸福愈来愈近。

爱情科学小常识

love

从心理着手的治疗：安慰剂效应

通过心理暗示让人成功改善认知与生理的方式，其实就是“安慰剂效应（Placebo Effect）”。

安慰剂（Placebo）的原意来自拉丁文，原本的意思是“我会好起来（I Shall Please）”，而安慰剂效应又称“伪药效应”，意思是说病人虽然没有获得有效的实质治疗，却因为“相信”治疗是有效的，而使症状得到舒缓。

日本国际医疗福利大学（International University of Health and Welfare）研究所的中野重行教授，也曾利用安慰剂进行临床实验。

这一组病人服用抗忧郁药物，另一组病人则服用安慰剂，结果发现，服用抗忧郁药的受试组有 57.6％ 的病人，而服用安慰剂的受试组则有

42.3%的病人病情获得改善。

很显然地，这就是因为病人的心理受到暗示，增强了人体本身的自然治愈力，使得症状获得缓解。

所以，别再小看心理暗示的力量，如果你想改善另一半的缺点，就多多赞美他吧！

15 / 考察男人，三个月就够了！

有句话说“男追女，隔座山”，因为女人心善变又难以捉摸，不过，也可能是女人会在被追求的过程中，使出各种难题，想要借此测试男人对自己是否真心真意，然而，如果你的“考察期”太长，结果可能会得不偿失。

曾经有个网站做出一项调查，他们询问男性：“开始追求女生多久之后，如果女生没有明确的表示就会放弃？”同时询问女性：“被男人追求多久之后，才会决定是否接受对方的情意？”

结果显示，有超过四成的男性在七至三十天之内，追不到女性就会放弃，而将近三成的男性则是在一到三个月内没有追到手就会放弃，即有将近七成的男人，追女人的耐心至多只有三个月。

然而，女人却要花三到六个月的时间来确定男人是否有诚意，才愿意给男人一个答案。

其实，女人会有这样的考虑其来有自，毕竟从演化的角度来看，女人会想要选择看起来有强大生育能力的另一半，好确保下一代的基因优良，所以女人要花点时间，好好地评估男人的“价值”在哪里，而价值则必须通过时间的考验才能得知。

再者，有的女人更认为，如果太快被男人追到手，男人就不懂得重视自己，所以无论再怎么喜欢对方，表面上也得认真“表演”矜持。

其实，不只女人这样想，男人在追求女人的过程中，也会出现类似的心态，就如同美国社会心理学家利昂·费斯廷格（Leon Festinger）所提出的“认知失调（Cognitive Dissonance）”理论：一个人在同一时间，会存在着两种矛盾的想法，而这种冲突，会驱动你做出一些与内心认知相违背的行为。

比如说，男人的认知失调就是，心里明明希望尽快把女人追到手，但同时又觉得愈难追的女人愈有挑战性，所以有时候女人愈难追，在某种情况下，反而愈能激发他们“狩猎”的雄性激素。

至于女人的认知失调则是喜爱“故作矜持”，明明喜欢对方，但又要刻意刁难，认为让男人垂涎自己一段时间，这样“看得到吃不到”的男人，才会更加积极地对自己献殷勤，以致玩起欲擒故纵的手法。

所以，“时间”就成为这段过程中最重要的关键因素。女人认为男人必须花较多时间来追求自己，好显示自己的价值，以及他对自己的重视。

但是同样地，男人也会在追求你的过程中，去衡量你是否有足够他长时间追求你的“价值”。

男人虽然认为太好追的女人不刺激，但是相对地，如果已经花费大把时间追求你还不见得能到手，那么他的“传宗接代”基因就会让他踩刹车，促使他别再把时间浪费在你身上。

毕竟对男人来说，在时间与资源皆有限的情况下，他为了追求你，势必得放弃追求其他女人的机会，而当他发现“达阵”的成功率太低，花费大把时间还追不到你，不符合投资报酬率时，他马上就会设下“停损点”，转头追求其他“成功率”可能比较高的女人。

所以，爱摆高姿态来吊男人胃口的女人们，虽然“只要男人愈难得到，就会愈珍惜”有其道理存在，但是偶尔为之还行，而且考验的时间不要过长，否则就算男人当初再怎么喜欢你，时间一长也会打退堂鼓离你而去，到时候，吃亏的反倒是自己。

爱情科学小常识

时代变了，将近八成的男人期待女人倒追

造成台湾生育率全球最低的原因有许多，除了不想生养小孩的丁克族增加之外，还有一个原因就是适婚男女的结婚率下降。而根据“社会局”发表的调查发现，适婚男女找不到对象的原因之一，就是“男人变被动，但女人一样传统”。

男人变被动，是因为“草食男”变多了，所谓的草食男就是对工作、恋爱与性爱都属于被动的男人，他们只盯着眼前的计算机，而无视周遭环境的变化，在这种心态下，更别说花心思去追女人了。

而这种心态也反映在调查报告中，调查显示，有将近八成的男性希望女人能够主动追求他，可是接受调查的女人中，只有四成的女人会勇敢倒追，更有高达五成的女人表示不会主动示爱。

男人追求女人的态度显然日趋“龟缩”，而且哪天就算鼓起勇气追求心仪的女人，也很容易因为女人的强硬态度而快速“闪人”。

所以，想要走入婚姻的女人们，如果你没有勇气主动出击倒追男人也无妨，只是你也不要在男人上前示爱后，给他们太多刁钻的考验，吓跑这些心灵脆弱的草食男。

16 / 男人天生听力差，原谅他有时的“听不到”

“你根本就没有在听我说话”，一听到这句经典台词，想必很多男人马上就会脸色铁青，因为接下来女人就会开始陷入“你是不是不爱我了”的鬼打墙状态。其实男人不是故意装傻，而是由于天生听力不敏锐的原因，很多时候他们是真的没有听见你动人的轻声细语。

国外有一项针对婴儿进行的研究，发现男婴的听力明显比女婴迟钝，在实验中，研究者播放1500赫兹的声音给婴儿听，而这个频率正是一般人可以听见的正常范围，结果发现女婴的大脑反应，与男婴相较之下竟然高出 80%，显示男女的听力天生就有差别。

随着年纪增长，这种差别就会更明显，像女人会抱怨男人不要在公众场合说话这么大声，但这是因为他们的听力没有女人来得敏锐，为了避免对方听不见，才会不自觉地把分贝拉高。

还有另一项研究指出，激素也可能增加男女之间的听力差距，因此女性在排卵期时，听力会比平常更好，学者表示，或许是激素通过刺激听觉神经或大脑来提升听力的缘故。

很多女人总是把简单的事情弄得很复杂，明明对方只是没听见你说什么，心中却开始播放小剧场，搞得自己脑神经衰弱。现在了解事情的真相之后，当他又把音乐放很大声，或是说“你刚才说什么，我没听见”的时候，先不要急着抓狂，告诉自己他真的只是天生听力不好而已。

另外，以医学的角度来看，听力也能作为潜在疾病的指标，由于听觉是由外耳、中耳、内耳依序传递，而内耳的运作需要大量血液，若你发现另一半的听力似乎比以前还差，他就有可能是脑部血液循环出了问题，或是供给血液的心脏出了毛病。

虽然男人天生听力比较差，也不排除对方有选择性失聪的嫌疑。当你叫他不要再熬夜打电动，或希望能够好好讨论两人的未来时，他就装作一副没听见的样子，不管提了再多遍，对方都不想改变，也不愿意面对，那么你就必须思考是否该让他淘汰出局。

因为“没听见”跟“不想听”是两码事，听得见却不想听，表示他根本没有沟通的意愿，虽然表面上是两个人在一起，实际上却依旧各过各的生活，与其烦恼如何改变对方，倒不如趁早放手来得轻松。

美国大学教授罗伯特·艾普斯坦（Robert Epstein）进行了一项网络研究，让研究人员询问2200名受试者关于健康感情所必须具备的关键，经过交叉分析后，第一名是沟通，第二名则是对伴侣的了解。

也就是说，在爱情里，沟通不仅仅是单纯的“听”与“说”，而是要明白对方想要什么以及需要什么。

男人很常犯的一个错误，就是听见女人抱怨时，老是很理性地想要告诉她们解决方法，本来好心想把问题解决，却没料到最后自己竟然变成箭靶，因为女人只想听安慰的话，但男人却只听见问题，忽略了最重要的情绪。像这种“听了却听不懂”的情形，一不小心就会演变成双方争执的导火线。

与其撕破脸再来和解，不如一开始就告诉他：“我需要一句鼓励和一个拥抱，这样就够了。”

而你还要记得，当男人愿意听你说的时候，你就要说他听得懂的话，这样才不会让他觉得听你说话是件苦差事。

总之，如果男人说“没听见”，你就干脆直接坐在他面前再说一遍，要是发现对方故意假装听不见，那么你就该知道跟他讲再多也只是浪费青春和口水。

因此，别再为了“你根本就没有在听我说话”这种事跟他闹个没完，对方只会觉得你今天是不是吃错了什么药。老是上演这种戏码，到最后，男人会变得根本不想听你说话，或者就算说了他也听不进去。

假如你仍然执迷不悟，那么好男人只会一个个离你愈来愈远，幸福这两个字也会永远跟你绝缘。

爱情科学小常识

听力差，罹患阿尔茨海默症的概率较高

根据美国研究，随着年纪逐渐增加，听力不好的人，罹患阿尔茨海默症（Alzheimer's Disease，俗称老人痴呆症）的可能性，比其他听力正常的人高出许多。

约翰·霍普金斯大学（Johns Hopkins University）的林博士（Frank Lin）针对600名男女进行长达12年的追踪，而这些受试者在研究开始时，没人有阿尔茨海默症。

在排除其他可能影响的因素后，发现听力差的人与听力正常的人相较之下，罹患阿尔茨海默症的概率高出两倍，并有9%的人呈现出不同程度的痴呆情形。

研究人员尚未发现导致这种情形的主要原因，

但他们推测出的可能性是，听力差的人因无法正常沟通，导致容易被孤立，在很少跟其他人互动的情况下，也减少了大脑区域的活动。

听力差不一定会罹患这种病症，却有可能成为发病的原因。因此，当你发现另一半老是没听到你在说什么时，先别急着生气，因为这说不定是帮他把关健康的好时机。

17 / 男人的“感知力”，决定他就是不能全盘理解你

男人永远不懂女人为何瞬间情绪就会爆发，就像女人永远不懂男人为何不能了解自己的感受。

对女人来说，生日等重大节日都是必过的大节日，但男人就算知道女人重视节日，却始终不能理解为何过节如此重要。也如同男人永远不懂，为何女人看着狗血的无聊肥皂剧，也能在电视机前哭得一把鼻涕一把泪，但始终看不懂女人口中的“好感人”究竟在哪里。

其实，从心理学家的研究就可以理解，男人和女人在“感受力”上，的确有着巨大的落差。

研究显示，女人无论在表情辨识还是谎言侦测的表现上，都明显优于男人，女人甚至从三岁开始，就比男人更能推测他人的感受与内心的想法。

这就能解释为什么女人在听到别人的不幸事件时，特别能够感同身受，很容易就融入对方的情境，随着对方的情绪起伏不定。

而剑桥大学（University of Cambridge）心理学家西蒙·拜伦－科恩（Simon Baron–Cohen）更指出：“大多数女性的大脑，天生就会感受他人的喜悲；而大多数男性的大脑，天生就适合推理和系统性的建构。”

也就是说，男人着重在系统性思考，他们能够以超然的、理性的角度来思考事情的发展，极少受人和事物的影响，但同理心则相反。

同理心之所以能够充分发酵，是因为女人抛弃超然的立场，她们会融入在事件中，和对方产生相当程度的情感连结，以至于让对方的情绪充分感染自己的情绪。

这也就是为什么在日剧《王牌大律师》里，感性的女律师总是希望在“以和为贵”的前提下，以感性为诉求，试图让被告与原告方达到圆满的和解；所以她始终不能理解，为何男主角不能站在受害人的立场，为受害者着想，可是男主角却对她此举嗤之以鼻，他认为找出证据求胜诉，才是必须优先考虑的重点，考虑被害者的“感受”根本就是多余的行为。

心理学家进而表示，女人的大脑构造虽然让她们天生感受力较强，但同样也容易因为过于感性，导致情绪大起大落，而且善变，比如说，今天让女人感动流泪的人事物，明天再看到同样场景的时候，这份感动有可能就消失殆尽。

不过，女人因为容易受到对方情绪的影响，所以也希望别人能感知自己的情绪，女人的心情无论大好还是大坏，当下都想要与他人分享，希望对方感受自己的心情。

所以女人喜欢通过聊天的过程中来释放情绪，从对方言语的回馈中，得知他人对自己的关怀，这也就是女人可以坐在咖啡店里聊一整天，仍乐在其中的原因。

但是男人则相反，男人们聚集在一起时，“谈心”从来不是最重要的话题，他们谈公事谈兴趣，就是不会谈心事。

男人不会把自己的私事与内心话告诉给其他人，更不会轻易告诉别人自己内心的感受，对于他们来说，感受与同理心，不值一提。

因为大脑构造不同，所以男女在相处时，很容易因为双方的感受度不同而发生争执，比如说，女人生理期间对另一半说“我肚子好痛”，但男人往往爆出一句“谁叫你爱吃冰，下个月少吃一点就不会痛了”，或是“那该怎么办”，让女人觉得男人不关心自己而气得跳脚。

其实，在这当下，女人往往只想要得到男人一句“好可怜”的温柔安慰，男人只要说出这句话，女人就会觉得男人懂她的痛，那种抚慰疼痛的效果，绝对比止痛药还要神奇有效。

但是男人理性的大脑构造却告诉他，解决问题比安慰你还重要，所以他们选择告诉你解决痛经的方案，而不是没有建设性的温言软语。

女人总是希望男人能百分之百感知自己的喜怒哀乐，然后做出发自内心的对应行动；不过，女人不要再为难男人了，因为他永远无法感同身受，他理性的大脑永远不懂你在执着什么，不懂你为什么要为了这点小事而情绪爆走。

其实，当男人讲出“建设性的意见”，而不是你想听的甜言蜜语时，不要再用“你都不关心我”“你都不知道我有多难过”这些话来为难他，毕竟他能对你做出回应，在某种程度上，表示他已经在释出最大“诚意”了。当然，如果男人的态度是随便敷衍的，那就另当别论了。

爱情科学小常识

投射效应造成的认知偏差

投射效应（Projection Effect）指的是将自己特有的观点、言行举止、想法、价值观等，用同一标准投射在他人身上的行为。

很多人会认为自己的某种特性，在别人身上也一定会看到相同的状况，举个简单的例子来说，今天你在路边看到乞丐，你起了善念，放了一百元到他的碗里，而你也会认为你身边的友人应该要和你做相同的事，否则，他就是异类。

但是严格来说，这算是一种认知障碍与偏差，因为这世上并没有两个人是完全一模一样的，甚至可以说每个人都拥有自己独一无二的特性。

而我们往往会认为自己认同的事物是最完美的、绝对不会出错的，但有时候事实并非如此，可是你却强迫他人认同你，否则就认为他在和你作对。

投射效应还可能会有进一步的发展，例如你喜欢某人或某样物品，你愈看就会愈满意；相反地，面对你讨厌的人，就算他今天做了所有常人都会做的举动，在你看来却还是厌恶至极。

所以我们要避免投射效应造成你思想上的偏差，我们可以做的就是观察周遭的人，从他们的言行举止去了解他真正的为人，然后避免用自己本身的认知来批判这一切。

18 / 不要逼男人一心二用

在日常生活中，女人常常会因为男人的一些怪异行为，气得大骂他们：“你是脑子有问题吗？”

例如，当男人在看电视时，你气冲冲地想要找他争论某件事情，但他不但像变成了聋子，完全听不到你在说什么，而且还只能用拙劣的手势试图先安抚你的情绪；而当男人看完电视，想问女人刚刚找他做什么时，女人差不多也已经气炸了。

但是你们不知道的是，比起女人的脑子，男人的脑子的确大有问题。

男人不知道为什么他们总是会惹恼女人，这是因为男性和女性的一切言行举止，都会因为大脑构造的不同，而造成很大的差异。

而其中影响最大的，是大脑里的胼胝体，胼胝体是大脑里一样重要的白质带，它以2亿多个神经纤维，联结左大脑和右大脑，使这两个部位所产生的信息可以互相交流。

而胼胝体的厚度、联结点，都影响着我们的脑功能及智商。

有学者发现，爱因斯坦脑内的胼胝体特别发达，导致他比一般人要聪明许多。

但是一般男性可就没有这么幸运了，他们胼胝体的厚度和联结点，不只逊于爱因斯坦，而且还逊于一般女人。

美国神经学专家罗杰·戈斯切尔（Roger Goeschel）就曾经做过研究，发现男性的胼胝体比女性薄10%，联结点也比女性少三成以上。

而这样的差异，使得男人的大脑像独立的若干区块，导致他们在同一时间只能专心做一件事。

反观女性做事时，则可以运用全脑思考，所以造成女性可以一心多用的长处，而讲话的速度、语言能力和对事情的敏锐度也比男人要高。

试着回想一下，当你跟男人一起走在街上，你可以一边注意路边摊有没有你想买的衣服，一边批评路人的穿着；可以注意到绿灯只剩下十秒了，同时还能发现男人在看路边的辣妹。

但是男人不行，男人一次只能专心做一件事情，即使那件事情对女人来说简单透顶，例如走在街上。男人在专心走路时，分心去看个辣妹都有可能会因此摔倒。

而女人必须接受男人这样的大脑构造，因为这个现象是造成很多情侣发生争执的原因。

例如，当女人在说话时，左右脑都在活动，两边的思绪可以互通有无；而男人说话时，却只有左前半边的脑在活动。

大脑这样的运作，让女人在说话时总是喜爱铺陈、极具夸张，而且话题性非常丰富。

女人甚至可以在A话题讲到一半时，突然跳到B话题，然后再不着痕迹地回到A话题，这样的说话方式，姐妹们绝对听得懂，还能接得上话，但是男人听了却只会一头雾水。

而男人的一头雾水，让你们开始斥责男人总是不认真听你们说话。

再来，也许你们也会发现，不论是你们在聊天、讨论事情，还是吵架时，男人都很少说话。

而那是因为，当他们在听女人说话时，没有办法耳朵边听头脑边想，甚至边回答你的问题。

他们必须听完，吸收过了，才会开口说话，但往往在他们的脑子还在消化你刚刚说的话题时，女人又快速地开启另一个新的话题了。

其实，每当女人指着男人的鼻子骂“为什么你都不参与话题”，或“为什么你都不回答”时，你必须先检讨自己，有给男人说话的机会吗？

但话虽如此，男人也不是全无用处，虽然他们无法一心多用，但是他们做每件事情，绝对都会比女人专心，而且，他们判断事情的能力，往往也比女性精准。

这就是为什么在职场上，男人多半从事专业性质的工作；而像秘书、助理等需要安排许多琐碎事项的工作，通常都是由女性来担任。

所以如果你可以利用男人这一特长，你会发现，他们其实也是很有用处的，例如，开车认路时，或组装某一件家具时。

可以静下心来认真思考的男人，解决事情的能力要比女人强很多，但前提是，女人不可以在旁边碎碎念，做一些会让男人分心的举动。

然后像在说话时，如果你可以按部就班，用说重点的方式和男人说话，你就会发现，男人不但可以听得清清楚楚，而且还能用他思绪清晰的脑袋和你讨论任何话题，当你有问题时，他也可以立刻提出一个具有建设性的解决方案。

女人要记得的是，你和男人的大脑有别，不要只怪他脑子不清楚，而是要“对症下药”。

当你要叫男人完成某些事情时，与其逼着男人一心二用，最后一事无成，不如等到他完成一件事，你再交代他下一件事，你就会发现，其实男人也是挺有效率的！

爱情科学小常识

love

为什么男人说话时总是面无表情?

很多女人都会发现，在你和男人说话时，他们脸上总是维持着一号表情，一副根本没有在听你说话的样子。

但其实，这可能只是男人与生俱来的本能，因为从男人的生理来看，他们的情绪起伏本来就比女人小，例如，当你听到你们的朋友小美怀孕了，你可能会感到惊讶万分，因此眼睛睁大，眉毛上扬，嘴巴还微开；但是男人根本不觉得小美怀孕是一件多么了不得的事，所以他的面无表情，是依照他的情绪而来的，并无违背。

此外，从心理来看，男人不管何时何地，总想要露出一副气定神闲、雍容自在的样子，所以即使他们内心激动万分，或火冒三丈，都会强忍因为自己的情绪起伏，而使脸上的表情过于扭曲。

网络上就有一篇文章，指出女人最受不了男人的十件事，其中一件就是“和女人一样做出夸张的表情”。文章表示，夸张的表情是女人的专利，男人如果做了，只会被嫌娘娘腔。

总之，天生脸部肌肉就比较不灵活的男人，加上自己的面子问题，让他们说起话来总像个雕像一样。

所以下次在和男人说话时，先别对他的面无表情发脾气，因为表情是其次，他有没有把你的话听进去，其实才是最重要的，不是吗？

19 / 想幸福，就要避开爱情的“德西效应”

很多女人在决定与男人交往前，是因为喜欢男人的个性而决定与他在一起，但数年后，却因为男人不买钻戒而不肯结婚。

曾经有个女网友在网络上苦恼地向众人求救，说她与男友交往三年，常常想方设法买礼物给男友，三年下来，每次她送礼时，总是暗暗希望男友也能送她礼物，就像她给他的惊喜一样。

然而，她的期待每每落空，因为男友从来没有响应，无论她怎么“明示暗示”，男友好像都听不懂，比如逛街的时候，她暗示男友这个包包好漂亮，她好喜欢，男友听了也没有反应，最后甚至拿赠品购物袋来“搪塞”她，气得她大哭。

事后，女网友对男友说：“我并不是在跟你要礼物，要你买东西给我，我只是希望你偶尔也能送我礼物，响应我的心意而已。”

而男友只回复她：“我并不是听不懂你的暗示，我只是不喜欢你跟我讲这句话时，好像是在跟我要东西的感觉。如果你送我礼物只是希望有所回报，而不是心甘情愿，单纯希望让我开心，那么以后就别再送了。”

在爱情里，女人常常不自觉从男人赠礼的丰富度来评估男人对自己的爱。当然，有些男人在热恋期，愿意砸大钱买贵重礼物来表达爱意，或做出许多让女友充满惊喜的举动，让女友乐得心花怒放。

然而，随着时间过去，当男人不再如过去大献殷勤时，女人便开始质疑这段爱情是否还存在。女人，当你出现这种心态时，就已经陷入所谓的爱情“德西效应（Westerners Effect）”陷阱。

心理学家德西（Westerners）曾做过一个实验，他请来两组大学生，在实验室里解智力难题，其中一组测试者每解出一个难题，就可以获得一美元的报酬，另一组则没有。

获得奖励的测试者，在当下的确非常努力解题，但是在休息一段时间后，愿意留下来解题的人变少了，反而是没有拿到报酬的测试者，就算在休息后，仍旧持续留下来解题，且解题的热情持续不减。

德西从实验中发现，只要在进行一项愉快的活动中，提供外部的物质奖励或报酬，反而会降低参与者对这项活动的吸引力，此落差即为德西效应。

德西还举了一个例子：一群孩子在一个老人家门前开心地玩游戏，抚慰了寂寞老人的心灵，于是老人很高兴，给了每个孩子10美分，拿到钱的孩子很高兴；第二天又继续来，这次，老人给每个孩子5美分；但第三天，老人只给2美分，这次，孩子们生气了："我们这么努力地玩游戏给你看，为什么只给2美分，不知道我们玩得有多么辛苦吗？"

其实，孩子们当初玩游戏，的确是因为"好玩"，但是拿到老人的"酬金"后，这份初衷变质了，他们之所以玩，变成只是为了赏金，一旦赏金不如他意，玩的心思也就没了。

同样的道理，花心思送礼物给男友的女网友，当初与男友在一起的目的，必定是因为爱情，而且送礼给男友的出发点，一开始也是为了给男友惊喜，让男友高兴，但是，一旦她期待男友也能同样回馈时，当初送礼的出发点，就已经走了样。

曾经有对知名艺人情侣分手，原因是男方再也无法忍受，必须为女方负担一切的费用，他不但要买礼物取悦女友，甚至连女友与姐妹淘聚餐的费用也得一并支付，好让女友在朋友面前有面子，他存在的目的，仿佛只为了换来姐妹淘一句“你有这样的男朋友好幸福”，让两人当初的情投意合变了调。

所以，不要再用“物质”或“报酬”来衡量爱情了，不要再用男人必须买什么礼物，或男人必须对你做出什么事，才能证明他对你的爱，当你的爱情必须用“价值”来衡量时，这段爱情，很快就会变质。

爱情科学小常识

钻石是永恒爱情的象征?

提到婚姻，这是多数女人心目中的憧憬。或许你曾经从电视上看过不少拿钻戒求婚的浪漫桥段，所以你也认为求婚就是需要钻石，甚至女人们普遍认为，钻石代表了永恒的爱情。

有趣的是，人们对钻石的喜爱，甚至在美国衍生出一套潜规则：如果一个男人没有花三个月以上的薪水购买求婚钻戒，就表示他不够爱你。

女人会从钻石联想到矢志不渝的坚贞爱情，无非就是被媒体制约了，钻石供货商透过广告公司与媒体，有意识地借助影视明星、政商名流的影响力，赋予钻石“珍贵”和“爱情”的意义，将二者联结在一起。

而情侣手上的钻戒，大多只是为了“晒恩爱”，而且钻石愈是大如鸽子蛋，愈能彰显男人的爱。但是爱情如人饮水，冷暖自知，幸福与否是你们两个人之间的事，别人羡慕的眼光，跟你们的爱到底有什么关系？

爱情不能用钻石的大小来衡量，也不能当作选择另一半的依据，而愿意花三个月薪水买钻石给你的男人，也未必会爱你一辈子。钻石是厂商给你的迷思，不是永恒真爱的保证书。

20 / 放过男人偶尔的“不解风情”

在爱情里，女人永远不能理解，为什么男人不懂得享受过程，就像男人永远不懂女人，为什么要浪费那么多时间累死自己。

先前有个大四的男生在网络上抱怨，因为他不肯带女友去看风靡世界的黄色小鸭，女友每天闹得不可开交，他觉得这是浪费时间和精力的事情，不值得大费周章跑一趟。

但是女友不达目的不罢休，让这位网友不堪其扰，为了安抚女友，他去文具店买了一只“黄色小鸡”，并且包装完美送给女友，女友收到礼物时非常开心，以为这是男友送的两张高铁票，没想到竟然是一只莫名其妙的鬼东西。

两人为此大吵一架，甚至闹分手，而这位网友很挫败，在他的认知里，他已经达成目标，把“鸭”送到她面前；但是对女友来说，她所重视的，却是男友和她一起前往观赏小鸭的乐趣。

其实，男人的不解风情是有原因的，因为从演化的角度来看，你实在不能责怪男人脑袋里只有“达成目标”的思维与想法。

自远古以来，身强力壮的男人，便肩负在野外打猎的重责大任，他们外出狩猎的唯一“目的”，就是想尽办法制伏猎物，把猎物带回家，在此情形下，他们自然不可能有多余的心思，去“享受”猎捕猛兽的过程。

但女人就不同了，为了在家等待男人打猎归来，所以必须有耐心地学会从等待的过程中，去发现生活的美好，于是女人开始变得善于等待，当然，她们也期待男人打猎归来后，一起享受生活的快乐。

然而，疲累的男人打猎回来后，只想要好好休息与睡觉，他们没有多余的精力与女人经营家庭生活，即便进行“生儿育女”的“工作”，大多也抱着能“传宗接代”就好的心思了事。

数千年演化下来，逐渐让“男人重目的，女人重过程”，以至于女人享受逛街的乐趣，而男人只想着东西买完赶快离开；女人享受与爱人吃一顿浪漫的烛光晚餐，但是男人却认为吃饭的唯一目的就是填饱肚子，吃完就走人，不必消磨太多时间在吃东西上。就因为双方重视的点不同，以致常因“理念不合”而吵翻天。

同样地，很多女人常常气愤男人不肯为两人的事情多费心，但是女人，在爱情里不要再为这种无谓的事情而生气了。你与其气愤他不肯花费心思在你重视的事情上，倒不如直接告诉他该怎么做，请他直接配合你还比较实际。

比如说，当你们计划旅行出游前，你不要再为男人不肯一同与你设计两个人的自由行而生气，你可以自己先将行程规划好，并要求男人配合你同行就好；或当你气愤男人没有在重大节日给你惊喜前，还不如直接告诉他，你希望他给你什么样的礼物，只要双方皆大欢喜就好。

没错，或许这样的做法，会让恋人间的浪漫少了许多，然而，聪明的女人会知道，与其纠结在男人是否全心投入在过程中，还不如设法让男人做到你最终想要达成的目的。

21 / 你的眼泪是药也是毒，千万不要滥用

很多人都说，眼泪是女人掳获男人的最强武器。

不过，你不知道的是，太常掉眼泪，只会让男人眼中的你，变得愈来愈没有魅力。

因为，你的眼泪之所以能影响男人，改变情场局势，靠的并不是眼泪本身，而是眼泪的“味道”，这才是影响男人心理的关键。

根据科学家研究，女人掉泪哭泣除了宣泄情绪外，还有释放生物信息的作用。也就是说，透过你眼泪散发出来的化学物质，可以传递你潜意识中的许多信息，让男人的生理心

理受到影响。

以色列魏茨曼科学研究所（Machon Weizmann LeMada）的研究人员指出，当女人哭泣时，男人就近闻那些眼泪，即使没有什么味道，也可以感受到眼泪中的生物信息。

更重要的是，研究人员发现，女性眼泪中的化学物质，会降低男性“性觉醒”的冲动。

在这项实验中，科学研究人员找来数位女性志愿者，在实验室中观赏悲伤电影，并且收集她们观赏过程中掉下的眼泪；另外也让盐水流过她们的脸颊，收集起来作为对照组。

接着再让24名男性在不知情的情况下，去闻瓶中的液体。

研究发现，接受测试的男性，无法闻出眼泪与生理食盐水的差别，但是，他们的大脑与生理反应都出现了很大的差异。

原来，研究人员让受试男性一边闻眼泪或盐水，一边观看美女照片，并且请他们为照片上女性的性感程度打分数；另一方面也用高科技仪器监测他们脑部功能区的活动情况，并且采集唾液，测定睾丸素的含量。

结果显示，与闻盐水时相比，当男性闻女人眼泪的时候，认为照片上的女性比较没有魅力；从受试者的唾液中发现，闻眼泪时，他们体内的睾丸素含量也低于对照组。

女人之所以容易感动，因为很容易产生同理心，尤其是电视电影或小说漫画里的悲剧情节，更容易感染你的情绪，让你跟着男女主角哭泣。

不过，男人就不一样了，这个科学实验指出一项令人意外的发现：男人在闻真眼泪时，并不会产生同理心。

也就是说，如果你想要借由哭泣唤起男人的同理心，希望他体会你的痛苦与悲伤，基本上是跟狗说人生道理。

因为对男人来说，你的眼泪只会减少他的男性荷尔蒙，使你看起来愈来愈没有魅力，导致他对你的兴趣大幅降低。

因此，当你一流泪，男人就会退让时，你可别高兴得太早，因为他可能只是单纯地，想快点结束和你的对手戏，好安静地看电视，而不是发自内心地舍不得你哭泣。

当然了，当你又哭时，偶尔他还是会好言安慰你，让你暂时得到他额外的关爱，但是他仍不能控制人体本能的反应，对你的事业线和美腿，会愈来愈无感。

如果你老是拿眼泪当武器，不但不能让你过得更幸福，反而还会侵蚀你跟他之间的感情。

总之，你的眼泪确实可以影响男人的生理心理，然而，当你把眼泪作为爱情药方时，别忘了它也是毒，如果使用时没拿好分寸，你的爱情和幸福，就会被你亲手赐死。

因此，如你想让男人对你死心塌地，最重要的是保有自己的魅力，以及用心沟通，而不是只会拿眼泪当武器，天天上演一哭二闹三逛街血拼的戏码。否则，男人被你搞到“性无能”，早晚会弃械投降，离你远去。

爱情科学小常识

love

眼泪是你体内最好的抗菌剂

英国的细菌学家亚历山大·弗莱明（Alexander Fleming）发现，人的眼泪中含有的“溶菌酶（Lysozyme）”能够溶解细菌细胞。而溶菌酶是目前已知功效非常强的抗菌剂，短短5到10分钟就能够降低90%～95%的细菌活动，也就是因为眼泪中含有溶菌酶，才能防止眼部感染的患者病情急速恶化，导致失明。

除此之外，眼泪还有排毒的功能。

美国明尼苏达州圣保罗拉姆齐医学中心（St. Paul Ramsey Medical Center）进行了一项研究，研究人员让受试者观看悲伤电影，流下情绪引发的泪水；另一方面，则利用切开的洋葱，使受试者流下普通刺激物引发的泪水。

接着，再拿这两种眼泪进行研究，发现情绪性泪水所含的毒素，远比刺激物引发的泪水多，这些毒素往往是由于压力累积而成，包括亮氨酸脑啡肽（Leucine-Enkephalin）及催乳激素（Prolactin）。

所以，流泪不只是能单纯地宣泄情绪，还能够一并排出平时累积在体内的有害物质，虽然太爱哭可能招致反感，不过适当地哭泣却有益你的健康。

22 / 和男人沟通时，少说“每次”“老是”

在爱情里，“沟通”往往会变成两人“争吵”的前哨，不过，你也许不知道，其实你只要少说几个“关键词”，就能让你们的沟通更顺利，爱情更幸福。

女人永远搞不懂，为什么沟通的时候，男人总是放错重点，让你恨不得拿荧光笔把自己要说的重点画起来，免得他尽回些牛头不对马嘴的废话。

每对情侣一定都出现过类似以下的对话：

女：你为什么“老是”都跟他们鬼混到这么晚才回家？

男：我哪有“老是”？上礼拜和上上礼拜我都八点前就回家了！

女：你为什么“每次”都为了出去玩的事情跟我吵？

男：我没有“每次”都为了这个跟你吵架啊！

诸如此类的对话，总是让女人气到头顶冒烟，而男人却觉得自己被安上莫须有的罪名。

其实，这不是男人太较真，而是因为男女生理构造的差别造成的。

就生物学的观点来看，男性负责语言的区域主要分布在左后脑，而且没有特定专门处理语言的区块；但是女性不但说话时可以同时动用左右脑，大脑中也有专门负责沟通和语言的区域。根据X光片显示，女人大脑里，负责处理语言的区域约莫是男人的六倍。

简单来说，女人大脑中处理语言的区域比较大，也比较专业。

同时，也有研究指出，女性平均每天会说6000~8000字，而男性每天只说2000~4000字，足足差了三倍之多。

由于大脑构造的不同，女人天生就比男人健谈，所以女性能用许多不同的方式表达自己的情感，这就会让女人说话的方式变得迂回，并且暗藏许多“弦外之音”。

偏偏女人又很重视感觉，为了强调感觉，女人往往会使用一些词来夸张字义，强调自己的想法：“你‘总是’不在乎我的感受”“你‘每次都’只顾着打电动不听我说话”。

说穿了，只要把引号里的关键词拿掉，就可以清楚知道女人到底要表达什么。

但是大多数的男人都做不到这一点，因为他们脑中处理语言的系统本来就不发达，所以“说话”最主要的目的就是解决问题、陈述事实、用字遣词明确，这样的想法会促使他们为你说的每个字“下定义”。

正因为如此，常常衍伸出男人总是在最不重要的词上打转的状况，因为他们没有办法忍受类似“常常”“总是”“每次”等这种语意暧昧模糊的字词，于是他们会想先厘清每一个字，才有办法进行沟通。

就另一个方面来看，就是因为男人有这种思考逻辑，所以他们很容易从你讲的话“钻漏洞”。

好比说，今天他明明答应你要早点回家，却还是在外面玩到彻夜不归，如果你跟他说：“你为什么‘每次都’骗我要早点回家？”这时候，他就会从你的发言反驳你：“我哪有‘每次都’骗你？前天我十点前就回家了不是吗？”

明明是男人有错在先，却因为你惯用的说话方式，让他有机可乘地转移焦点，根本不需要针对自己犯的错做解释，到最后，搞不好还会反过来指责你无理取闹。

事实上，女人之所以惯用这些夸张的词，只是想引起男人的注意，使他们重视你强烈的情绪，但是，从生理学的角度来看，这种说话方式根本不能实现有效的沟通。

所以，想确保男人听懂你的话，并且给予回应，重点就在于针对男人的脑部构造，明确地就事论事，最简单的方式就是少说“每次”“老是”这类词，不但能够避免男人跟你打迷糊仗，还能让你们沟通更顺利，爱情更幸福。

23 / 爱他更要爱自己

“因为我爱他，所以我要尽量事事配合他。”

这种脑袋进盐水的想法，似乎是恋爱中的女人最常有的通病。

或许你以为男人会因此更爱你，但你不知道的是，你这样子做，只会让你罹患血栓的概率比常人高，而且，男人也不见得会爱你一辈子，尤其在你血栓发病后。

根据某知名医院的研究指出，“周边血管疾病”原本是男性较容易罹患的疾病，甚至有比女性多六倍的可能，但最近的报告却发现，女性血管疾病的发病概率，反而有追上男性的趋势。

这个趋势之所以会出现的关键，很可能是女性为了爱情，强迫自己凡事都要去配合爱人，而引发出来的危机。

例如，很多女人看到男友爱泡夜店，就在下班后不管多累，也要跟着去瞎搅和。

再者，不少女人在得知男友一些奇奇怪怪的喜好后，也跟着彻夜研究，因而变成男人的分身。

更多女人为了讨好男友，尽管自己对在线游戏根本没兴趣，还是宁愿熬夜陪他玩，就为了跟他在游戏频道上聊个天，就算被指责是“游戏拖油瓶”也没关系。

这个时候，不只你已经失去了自我主见，周边血管疾病也早就悄悄钻入你的身体，蓄势待发。

根据医学研究的报告，这样强迫自己配合男人的女性，一旦她的生活习惯与环境与另一半愈相似，罹患周边血管疾病的概率就愈高。

因为女性作息的改变，使得原本保护女生身体、避免血管病变的优势——女性荷尔蒙，就有可能因此改变或受到干扰。

也就是说，当你为了想配合男朋友，跟他的生活习惯愈像，你的女性荷尔蒙就愈容易产生变化，除了让你的女人味逐渐消失，更可能因此罹患周边血管疾病。

你可能还不太清楚周边血管疾病的可怕，它是一种涵盖动、静脉系统的疾病，会使四肢肿胀，造成血栓，如果是糖尿病或高血压的患者，并发周边血管疾病时，还有可能面临截肢问题。

因此，当你坚持要陪男友玩在线游戏到半夜时，你该想想以下几点，再想想这样做到底值不值得。

第一点，其实，你只是为了有共同话题，才勉强自己去申请游戏账号。

第二点，你明明可以把玩游戏的时间，花在自己的身上，去健健身、涂个看了心情会很好的指甲油，或听着雨声、喝杯咖啡，享受宁静的夜晚。

第三点，当你把自己变成男人的影子，一举一动，任何时间都配合着他，男人不但不会感谢你，久了，甚至会觉得你无趣，认为你一点安排自我生活的能力也没有。

第四点，也是最重要的一点，当你年老时，如果不幸罹患了周边血管疾病，下半辈子都要饱受周边血管疾病的痛苦，只因年轻时为了讨好男人，而逼自己做那些无聊的事情，根本是怎么算都划不来的傻事。

而且，当你老的时候，陪在你身边的，还不见得是你现在讨好的男人。

爱他，不一定就要变成他的分身，毕竟男人还是想和有女人味、有自我主张、拥有自己的生活圈、身体又健康的另一半交往，而不是让男人觉得跟你交往，只是多一个会做同样事情的另一个自己陪伴。

总之，天下男人何其多，但是你的身体，却只有一个。

恋爱中或正想恋爱的姐姐妹妹们，看完这个忠告，一定要记得三思而后爱才行。

24 / 不要让自己成为噩梦成真的凶手

女人总是迷恋直觉，相信自己的第六感，甚至仅凭脑海中瞬间闪过的印象，就开始做无谓的猜测与联想，不只如此，有时候连半夜做的“噩梦”，都能拿出来与另一半大吵，把对方搞得筋疲力竭。

之前曾经有一则新闻报道，有个女人经常梦到丈夫外遇，每次只要丈夫走出家门，她就开始怀疑对方会不会背叛她，脑海里就开始浮现出丈夫和别的女人亲热的画面，猜忌和怀疑在她的心里不断滋生。

这种带着“腐蚀性”的负面心理暗示，让这个女人的行为逐渐失控脱序，只要丈夫的行为和之前略有不同，她就不断质问丈夫是不是有外遇，两人经常为了一点捕风捉影的小事吵架，吵到男人很累，不想回家。

最后丈夫真的有了别的女人，妻子一状告上法庭，离婚收场，两败俱伤。

宣判离婚后，妻子一把眼泪一把鼻涕哭诉："我早就知道会发生这种事情。"

然而，真正撕裂这段婚姻的，真的是这个"预言梦"吗？其实真正让噩梦成真的，是女人因为猜忌和疑心病所做出的各种无理取闹的行为。

网络上曾经有女生讨论关于梦到男友劈腿或另一半外遇时心痛的感觉，往往非常真实，以致清醒后还不断反复回想。

女人会做出这样的梦境其来有自，马里兰大学（University of Maryland）教授赛尔特曼（Dylan Selterman），曾经做过一项"梦境预测价值"的调查，他要求女性受试者，详细记录"梦境的细节"与"彼此关系"之间的变化。

结果发现，当女人做梦梦到伴侣不忠时，接下来，未来双方的关系即将出现问题。

调查更指出，如果女人在梦境出现嫉妒吃醋和争执的情景，会导致男女双方隔天起冲突；梦到伴侣出轨，也会让两人的感情或亲密度下降。

因此，赛尔特曼对研究所下的评论就是:“很多人不会特别注意梦境，也不曾留意到梦境对他们的心境所造成的冲击。”

然而，这个研究并非告诉女人只要做了这种梦，从此就要开始疑神疑鬼，怀疑男人有外遇，毕竟这个研究并没有实验组与对照组来进行严格的比对，验证“女人梦到男人外遇”与“男人确实有外遇”两者之间有明确的联结。

但是，这个研究却告诉女人，不要忽略让你做了这个梦的“原因”。

就如同当我们很在意某件事时，在潜意识深处，会对这件事情念念不忘，当睡梦中出现让你不安的梦境时，其实有时候，是因为你感受到两人在日常生活中已经出现问题，以致日有所思夜有所梦，梦境只是潜意识反应出，你对这段感情的不安全感而已。

也就是说，当这种噩梦出现时，代表你应该好好正视两人之间的问题了，唯有面对它并解决它，才能真正消除你内心的不安，才是你真正能在夜晚获得一夜好梦的根本。

其实，做噩梦并不可怕，比噩梦更值得恐惧的，是你在生活中对另一半累积过多不必要的猜疑和不信任感，导致现实变成噩梦的延续，让你亲手终结自己的爱情。

爱情科学小常识

love

爱得愈深，对另一半的猜疑也愈深

佛罗里达州立大学强·马内尔（Jon Maner）博士指出，爱情可以让一对相爱的伴侣长相厮守，然而研究更发现，一个人对另一半的爱越深，对这段感情越难以割舍，为了维系这段关系，会无所不用其极，会更加提防对方是否不忠。

马内尔在研究“人在面对感情潜在危机时的敏感度”时发现，受试者在面对充满魅力的竞争者时，因沉浸在“爱”的情绪里，使其反应非常激动，对威胁到自己的潜在情敌讲话会具有强烈的攻击性，而如果受试者本就是爱吃醋的人，这种攻击行为会更加明显。

另一份新研究则从演化的观点看爱情，指出人挑选说“我爱你”的时机时，会先衡量感情关系及如何维系关系的成本效益。

此外，美国麻省理工学院史隆管理学院（MIT Sloan School）教授约什·阿克曼（Josh Ackerman）也发现，“示爱的时机”与“背后的动机”有很大的关系，无论男人还是女人向对方示爱，其动机都是为了巩固自己在这段感情中的利益。

一般人总认为，无论是被人示爱还是向另一半示爱，最开心的是女人，但研究后发现，其实最开心的是男人。如果再根据时间点来区分，倘若示爱的时间在发生性行为之前，则男性感觉较幸福；而如果示爱在性行为发生之后，则女性会感觉比较幸福。

PART / 3

适时对男人使些手段，你的婚姻更牢固

男人不像宠物那么单纯，只要吃饱喝足就会心甘情愿留在你身边，如果希望提升他的忠诚度，你就必须从内到外下足功夫，让他从心底只认定你一个人。

25 / 让他太自由，反而会伤他的“心”

关于爱情，“驭夫”一直都是很多女人的重要课题，你也许会以为，给予男人全然的自由，才是最高明的。但是，你不知道的是，太放任男人，会让他更容易罹患心血管疾病。

前阵子有个综艺节目，请数十位男艺人从十位女艺人中票选“最理想太太”，令人惊讶的是，汇整投票者的意见之后，发现拔得头筹的女艺人之所以会成为冠军，并不是因为她美丽、贴心、温柔，而是因为她“完全不干涉丈夫”，甚至丈夫不断爆出桃色新闻，仍然给予高度信任。

从这个票选结果可以看出，大多数的男人都比女人更爱自由，女人可以为爱情放弃许多事，男人可不一定，他们还是会保有自己的交友圈、应酬活动……

你一定也听很多好姐妹说，男人都很贱，愈管他愈爱作怪，所以放牛吃草反而能激发出男人的自制力。不过，为了男人的身体健康着想，你有时候还是得看紧他。

美国已有一项研究指出，“妻管严”的男性罹患心血管疾病的机会大幅减少。

这项研究以中老年夫妻为对象，针对他们的社交关系和心血管疾病的发生率进行研究，发现如果太太能够完全掌握丈夫的交友状况，甚至知道怎么联络丈夫的朋友，这类男性血液中C反应蛋白（C-Reactive Protein, CRP）的浓度比较低，罹患心血管疾病的风险大幅降低。

C反应蛋白是一种由肝脏生成的特殊蛋白，它是心血管疾病（例如急性心肌梗死、脑血管障碍等）发生的危险因素，透过C反应蛋白，也可预测冠心病的发生。

也就是说，血液中C反应蛋白的浓度愈高，发生心血管疾病或疾病恶化的机会愈高；相反地，C反应蛋白浓度降低，就可以减少心血管疾病的发生与恶化。

不只是这种“妻管严”的丈夫罹患心血管疾病的概率较低，研究发现，愿意多花一点时间陪伴太太的丈夫，血液中的C反应蛋白浓度也比较低。

所以，当韩国延世大学（Yonsei University）教授Yoosik Youm受邀到台湾发表研究结果时，曾提出一个建议：“男人，黏着你老婆，要不然就有麻烦了！”

有趣的是，这项研究呈现出很大的性别差异。研究指出，女性如果要降低C反应蛋白的浓度，除了必须常常跟丈夫聊聊内心话之外，还需要扩大自己的社交圈。

由此看来，虽说能够掌握丈夫交友状况对他的健康有益，但也不代表女人必须将整副心思放在另一半身上，而是需要扩展自己的交友圈。一旦女人也拥有自己的朋友与社交活动，便不会对另一半紧迫盯人，男人就不会排斥让女人了解自己的交友状况。

其实，从研究成果看来，无论男性女性，最重要的还是两人都愿意花时间陪伴彼此，并且敞开心扉与对方沟通，才能够远离心血管疾病的威胁。

在节目中被票选为“最理想太太”的女艺人，最后也以婚变收场，可知太多的自由其实是一种放纵，不只女人伤心，男人也“伤心”。

所以，如果你不希望男人爆血管，就好好了解并且掌握他的交友状况与社交圈，别再以为放牛吃草是最高明的驭夫手段，还是要适当地束缚男人，让他健健康康，才能与你一起白头偕老。

26 / 衣服可以有很多，香水一瓶足矣！

对很多女人来说，衣柜里的衣服永远少一件，梳妆台上也摆满了琳琅满目的香水，但是你也许不知道，如果每次约会都喷上不同的香水，只会让你的精心打扮功亏一篑。

在约会时，你一定会掏空心思打扮，千变万化的造型的确可以带给男人视觉刺激，可是真正让他对你魂牵梦萦的关键，在于你身上的气味。

人的鼻子是仅次于性器官第二敏感的器官，而且嗅觉对于记忆的效果是最强的。因为当味道进入鼻腔接触到嗅觉神经元时，嗅觉信号会直接上传到大脑而不必经过视丘，同时也会直接刺激掌管情绪及记忆的杏仁核，但是视觉、触觉、味觉等其他感官，都必须经过视丘才能与大脑联结。

简单来说，气味带给人的刺激最直接，也最容易留下记忆，并且是最能挑动人情绪的感官。

根据科学研究，老鼠的嗅觉神经元更新频率大约在 30~60 天，而人类嗅觉神经元的寿命大概在 60 天。

也就是说，当人闻到一种以前没闻过的味道，如果在 60 天内没有受到相同气味的刺激，就很难对此气味留下记忆。

曾有个科学实验发现，大多数女性都能借由气味，从好几件不同人穿过的衣服中，准确地选出另一半穿过的衣服。

其实，不只女性如此，有研究指出，男性也容易执着于某一种特定的味道，这也就是市面上许多香水、沐浴用品业者锁定女性消费群，强力建议女性最好固定使用同一种品牌，营造自己特有味道的原因。

有很多女人习惯牛奶沐浴乳加上柠檬草洗发精，接着喷上香水，头发洒上香氛剂，最后还要擦上玫瑰口味的护手霜，虽然全身香喷喷的没错，但是混杂的气味很容易干扰男人的嗅觉神经元，让他没办法在大脑中开辟一个专属于你的“记忆特区”。

另一方面，女人也很容易随着当天的穿着打扮，变换香水味道，但这样做对男人来说，只是短暂的嗅觉刺激，他不到60天就忘得一干二净，对他来说，你就跟街上那些过目即忘的辣妹没什么两样。

所以，如果你想要让自己在男人心中，占有独一无二的一席之地，身上只要有一种特别突出的味道，并且在每次约会时，都用相同的味道刺激他的嗅觉与大脑，就能有效提高你的“心占率”。

只不过，可别让你的穿着打扮跟香味一样永远不变，那很可能会令男人觉得你是个一成不变的无聊女人。在你的气味还没给他留下深刻印象前，他就兴趣缺缺想对你说再见了。

根据美国的一项研究调查指出，会穿不同性感睡衣的女人，她的男人会比较专一；而总是穿着保守的女人，她的另一半“向外发展”的概率会较高。

跟女人比起来，男人更需要视觉刺激，那能让他们产生新鲜感，尤其有另一项科学实验显示，视觉刺激在男人的性兴奋方面，起了关键性的作用。

也就是说，如果你能时不时地从外在给予男人视觉上的刺激，就能延长爱情的赏味期限，让他对你保持高度兴趣。

话说回来，假如你没有太多的预算置装也没关系，毕竟视觉刺激是短暂的，想要获得真正的幸福，就用专属于你的味道紧紧扣住他的心吧！

爱情科学小常识

嗅觉也是营销的一项利器

你也许会以为，品牌想要将形象深植人心，最好的方式是打广告，不过近年来，已经有愈来愈多的品牌选择用“嗅觉”作为一种营销策略。

嗅觉营销又称为“五感营销”，主要有营销品牌、改善空间氛围及促进销售等三大功能。

品牌专家马丁·林斯壮（Martin Lindstrom）在《收买感官，信仰品牌》中写道，人的情绪有75％是由嗅觉产生的。人对照片的记忆，在三个月后只剩下50％，可是回忆气味的准确度高达65％。

也就是因为如此，只要品牌能够给顾客留下深刻的印象，就会更有力地刺激消费者的购买欲望。所以现在不只是香水，就连讲求功能的保养品，都开始将气味作为一大诉求。

甚至也有报道指出，有知名五星级饭店以嗅觉营销为策略，每个月花数万元，请专家团队打造出专属于饭店的气味，让顾客一上门就闻到熟悉的香味。事实上，这样做不仅能够建立鲜明的品牌形象，也能够增加顾客的回流率。

27 / 凝视他两分钟，就能增进45%的亲密度

关于爱情，女人永远有烦恼不完的问题：单身时担心找不到好男人，有稳定交往对象时又得想尽办法经营恋爱。

姐妹淘一定会教你许多增进生活情趣的方式，免得你跟男人太快成为老夫老妻，完全失去恋爱的感觉。不过，也许你不知道，其实只需要花两分钟，就可以让你的爱情愈来愈幸福。

美国一位心理学博士罗伯特（Robert Epstein）在加州大学（University of California）开了一门“两性关系科学”的课程，并且找学生做了一个实验，此实验称为“灵魂凝视（Soul Gazing）”。

在实验中，博士找了8名互不认识的学生，并且给予随机配对，再请他们对自己的伙伴针对“喜欢”“爱”“亲密”的程度，给予1到10的分数；接着，要求他们彼此凝视对方的眼睛两分钟。

一开始，大家都很不好意思，一阵傻笑之后才认真注视对方。两分钟后，当博士请他们再打一次分数时，奇妙的事情发生了。

凝视后，在“爱”的分数上，提升了7%；在“喜欢”的分数上，提高11%；而“亲密”的分数，增加幅度竟然高达45%！

紧接着，很多学生回去找另一半做这个实验，有将近九成的学生表示，这个练习能够大幅提升彼此的亲密感，并且有效地改善了他们的爱情关系。

“灵魂凝视”的做法是，彼此站立或坐着距离约60厘米，然后深深地凝视对方，两分钟后，再谈谈从对方的眼中看到了什么，对彼此有什么感觉。

从这个实验成果可以很明显地得知，情侣间不只可以借由外在的刺激或肢体的接触，光凭眼神两分钟的交流，就足够加温平淡的感情，再度找回恋爱的悸动。

也许你曾为了增进生活情趣，大费周章地策划烛光晚餐，但如果在浪漫的法国料理前，你们还是各自低头滑手机、拍美食照上传 Facebook，那倒不如两个人一起去吃碗卤肉饭，四目相觑，好好地聊聊天。

可别小看这两分钟的相互凝视，对许多交往很久或结婚多年的夫妻来说，因为随着时间的流逝，使得他们不需要为了维系感情而全神贯注在另一半身上，但这也导致了两人关系日渐疏远。

所以，彼此互相凝视，其实是一种重新将专注力放在对方身上的方式，也能让你再一次发现对方最吸引你的地方，两人的心才能更紧密地联系在一起。

不只如此，看着对方的眼睛，也能够更让你知道他此时在想什么。

即使当人眼神专注地凝视着某一处时，眼球还是会不自觉地产生微小的运动，这种非眼球自发性的运动被称为“微颤动”。

近来已经有科学家发现，眼球的“微颤动”，有可能泄露心中想隐藏的思绪与心情。

很多情侣之所以最后变得同床异梦，往往是因为缺乏良好的沟通，导致根本不知道对方的心思，进而产生许多冲突。

也就是说，要是你想探索对方的内心世界，与其歇斯底里地对他逼供，倒不如仔细看着他的眼睛，也许就能够发现他许多潜藏的秘密。

如果希望你的爱情愈来愈幸福，就从两分钟的眼神凝视做起吧，那不仅能够让你们更相亲相爱，还能够帮助你了解他内心的悄悄话。

爱情科学小常识

想撒娇时，就抬头仰望他吧！

用平视的角度凝视对方，可以增加亲密度，不过偶尔也可以由不同的角度看着他的眼睛，让他有不一样的感觉。

如果你平常比较强势，不习惯用太可爱的撒娇方式，那么只要试着抬头仰望他，同样能够达到撒娇的效果。

由行为模式解读心理的角度看来，这是因为当你抬头仰望对方时，从他的视角看来，你的头会显得比较大，看起来很像小孩子。

这种姿态会刺激男人的父性本能，让他自然而然产生“你好可爱，好想保护你”的想法。

另一方面，当你想对男人撒娇时，其实就等于你想依赖他。

所以当你抬头仰望他时，就传达了“我愿意乖乖听你的话、听从你的指示”，男人一旦接收到这个信息，马上会被激发出男子气概，令自己成为更能够让你撒娇依赖的英雄。

28 / 你的丰腴，对男人有无敌吸引力

大多数女人的理想体重，永远要比实际体重轻，因为，女人们深信，男人总是偏好体重轻的苗条女性。

不过，事情的真相是，男人的潜意识里，反而比较容易被丰腴的女性深深吸引。

随着审美眼光的转变，社会对于“美”的标准也愈来愈单一，“瘦”与“美”几乎可以画上等号。尤其在亚洲国家，对于女性体态的标准更加严苛，很多女人明明已经是“纸片人”，却还成天嚷嚷着想减肥。

但是，身材愈苗条，真的就愈容易获得幸福吗？

很不幸地，事情的真相正好相反。

根据国外某个机构针对1000位男性的调查研究显示，与和丰腴女性交往的男性相比，拥有苗条女友的男性，反而更容易感情出轨。

令人意外的是，这项调查也指出，那些欺骗女友说自己喜欢苗条体态的男人，实际上更容易被丰腴女性吸引，从而离开原本的窈窕女友。

而且，对爱情不忠的男人中，有3/4的人表示，他们因为碍于同侪眼光与世俗审美标准，比起女性的个性，不得不将女友的外表列为更重要的择偶条件。

只不过，当男人征服一个苗条女性之后，仅仅三个月，他们就会开始将目光投向更苗条的女性身上。

也就是说，这类喜欢苗条女性的男人，很多都不是出自真爱，只是因为带着苗条正妹出去很有面子，才起了他们的征服欲。

但是，永远有身材更好、更窈窕的女性，所以他们会不断地寻找新的目标，导致对感情不忠诚。

反观那些对爱情非常忠诚的男人，其中有70%的人表示更喜欢丰腴的女人，而且这样的恋情平均可以持续四年之久。

这个调查结果很明显地告诉我们，并非大多数男人都发自内心地偏爱苗条女性，丰腴女性其实更容易吸引男人。

能够忠于自己内心深层喜好的男人，当然不会轻易地被其他女性诱惑导致情感出轨。

除此之外，也有国外的科学研究发现，男人在压力大时，更容易喜欢体态丰满的女性。

英国的心理学家曾找来80名男性，让其中一半男性接受高难度的面试问题，目的在于造成他们的心理压力。接着，再给他们看一系列女性照片，环肥燕瘦皆备。

研究人员发现，没有男人喜欢极瘦或极胖的女性，但是经过高难度的面试，心理压力大的男性，倾向喜欢体重较重的女性；而没有经过压力测试的40位男人，则偏好体重较轻的女性。

心理学家指出，这是因为男人潜意识认为，丰腴女性的“成熟体态”象征着具有成熟的心态、独立等特质，比较能够处理危机，相对地会给男人带来安全感，让他们着迷。

另外，从生物演化的角度来说，远古时代男性择偶的重要条件，就是健康。

体态丰满的女性代表了健康、富有生育力，而太瘦的女性则不然。

简单来说，也许男人爱看苗条的女性，但是体态丰满的女性对他们的潜意识来说，有更深层的致命吸引力。

而且，也有各种研究资料指出，男人比较容易被与自己体形相反的人吸引。也就是说，男性的身材曲线本来就较不明显，所以比起曲线较为平板的“纸片人”，拥有凸出曲线的丰腴女性其实更吸引男人。

从生理方面来看，女性有较多的脂肪，才能分泌较多的“雌激素”，这可说是女性性欲的“发电机”，能使女性更享受男女间的亲密互动，两人的性生活也会更协调。

过去也有一份针对与丰满女性交往的男人所做的调查，在这些男性当中，有高达80%的男人表示，他们和肉肉女友很能尽情地享受生活，尤其在卧室里。

而能够与丰满女性相处愉快，性生活协调，当然也能够让他们对爱情更忠诚，更容易感到幸福。

虽然现代流行“瘦”的审美观，但是从各种角度来看，体态丰满的女性未必要拼命减肥，才能够留住另一半的心。

更何况，那些因为你胖了几公斤就不爱你，或者每天逼你减肥的男人，不可能带给你真正的幸福，毕竟这世界有更多更苗条的女性会吸引他们的目光。

所以，与其每天斤斤计较胖了一公斤还是瘦了半公斤，搞得神经兮兮，倒不如培养自己更成熟独立的性格，快乐地享受生活，让男人跟你相处起来轻松愉快，在他眼中，你远比任何苗条辣妹都来得更有无敌的吸引力。

29 / 亲吻可以让男人更忠诚

无论是偶像剧里男女主角不小心在走廊上“一吻定情”，还是电影中双方在海边深情拥吻，女人都会忍不住幻想自己就是剧中幸福的女主角，似乎只要一个吻，两个人就真的能天长地久。

这种看似不切实际的浪漫情怀，科学上却有相关研究证实了这种可能性，心理学家希尔（Wendy L. Hill）发现接吻可以让人体产生较多的催产素，抑制皮质醇（Cortisol）分泌，这样男人就会对你更忠诚，出轨的概率也会大幅下降。

研究小组针对接吻对催产素与皮质醇的影响进行实验，比较了这两种激素在情侣亲吻前后的变化，发现亲吻后，催产素会大量增加，这种激素除了让大脑产生兴奋与快感以外，还能启动信任与依恋的感受。

而被称为“压力荷尔蒙”的皮质醇分泌量降低，会令人感到放松，情绪会舒缓，逐渐产生安全感与依附感。同时，英国生物学家也指出，嘴唇的神经非常密集，比手指敏感将近两百倍，嘴唇相互的碰触，可以获得消除忧郁的功效。

这就表示，如果你保持跟另一半接吻的好习惯，那么他的大脑就能时常感受到快乐与亲密感，在生活中所产生的压力也会稍微减少，对方就会不自觉地加深对你的依赖，久而久之就会愈来愈离不开你。

此外，意大利的研究人员也有发现，处于热恋期的情侣，体内会大量产生神经生长素（Neutrophin），这种成分也被称为“爱情分子（Love Molecules）”，会让他们脑中无时无刻不想念着对方，不过最慢两年后，这种激素就会逐渐消退，这时候，除了前面提到的催产素能让男人继续对你忠诚之外，脑下垂体后叶荷尔蒙（Vasopressin）也是关键之一。

有国外学者认为，男女经由嘴唇接触，可提升脑下垂体后叶荷尔蒙的分泌量，而此种荷尔蒙会让人有爱的感觉，也能产生安稳与平静的感受，因此就算热恋期的化学物质消退，情侣之间的爱情也能继续维持下去。

不过，如果你以为光靠接吻带来的亲密感，就能不费吹灰之力把男人牢牢绑在身边，或让他对你死心塌地，那么你就大错特错了。

很多女人在关系稳定后，就会逐渐露出怠惰的本性，开始进入老夫老妻模式。比如说，刚开始交往时，不管是不是特别的日子，你都会花心思制造一些生活上的小乐趣，像一顿烛光晚餐、一张鼓励他工作加油的小纸条，或一个温暖的拥抱。

但是相处久了，你就渐渐懒得去做这些小动作，然而你必须明白，女人喜欢体贴的男人，同样地，男人也喜欢贴心的女人。当两人之间只剩下“你吃饱没”或“今天工作怎么样”这种例行公事的互动模式时，对男人来说，继续跟你在一起的原因不是忠诚，说白一点，就是习惯罢了。

也就是说，其实他没有你也可以，只是他已经习惯有人陪伴的感觉，所以仍然维持现状，要是哪天出现一个能使他再度坠入爱河的女人，那么你最好要有恢复单身的心理准备。

男人不像宠物那么单纯，只要吃饱喝足就会心甘情愿留在你身边，如果希望提升他的忠诚度，你就必须从内到外下足功夫，比如试着解读他的心思、用他的方式跟他沟通，或维持自己亮丽的外表，目的就是要让他打从心底只认定你一个人。

在爱情里不存在没人要的女人，只有不愿意花心思的女人。

美国著名两性网站曾经做过一项调查，发现有将近80%的女性不会像最初那样时常亲吻自己的另一半，假如你也是大多数不太亲吻对方的女人之一，那么，在知道爱情之吻可以让男人更忠诚这个秘诀之后，你最好赶快开始将亲吻列为感情生活的必要事项。

亲吻除了能增加亲密感之外，更是向对方表达“我爱你”的最快方式，从现在开始，你的目标就是培养男人的忠诚度，让他觉得没有你就活不下去，而第一步，就从见面与道别的甜蜜之吻开始吧。

爱情科学小常识

贪吃的男人比较不容易“偷吃”

近年来，“小三”逐渐崛起，很多女人都开始绷紧神经，查勤站岗样样来，为的就是不让自己成为下一个深宫怨妇。不过美国心理学研究团队发现，想要知道另一半的出轨概率，可以从观察他对食物的自制力开始。

美国《发现杂志》(***Discover Magazine***) 里有一项研究，是由美国蒙莫斯大学(Monmouth University)的研究团队进行的，他们让沉浸在爱河里的32名大学生担任受试者，并随机分成两组。

学生们必须接受“食物控制测试”，研究人员会在他们面前分别摆放巧克力薄饼与小萝卜，并要求他们能够持续忍耐，尽量不要吃掉桌上的食物。

实验结束后，研究人员让受试者利用计算机进入网络聊天室，并安排一名聊天对象，而这名对象的主要工作，就是要引诱受试者接受陌生的约会邀请。

结果显示，与拥有较强自制力的受试者相比，贪吃的受试者较不容易接受约会邀请，或留下任何后续联络的方式。

这个研究也告诉疑心病很重的女人，“贪吃”不等于爱“偷吃”，所以，想要拥有人人称羡的甜蜜爱情，你就别再用这种以偏概全的角度去质疑男人了吧。

30 / 第三次约会时，你最好开始分摊开销

很多女人都认为，现代好男人的条件是：体贴、幽默、信用卡让你刷个够。

你也这样相信着，所以只要跟追求者约会，举凡吃饭、看电影、购物，你完全不打算出任何一毛钱，要是对方露出一丝犹豫，你除了心中马上判他出局之外，接下来的时间里，不管是在人来人往的地方，还是气氛好的高级餐厅，你都不留情面地摆脸色给他看。到后来，你发现那些追求者打电话来的次数慢慢减少，最后音讯全无。

事情背后的真相是，根据国外社会学协会研究显示，有44%的男性拒绝和从不分摊花费的女性进一步交往。因为现代社会结构改变，不再像早期那样以男性为中心，他们不一定有较多的工作机会，薪资也和女性差不多，因此对于约会费用的看法也有所转变。

研究学者指出，现代社会的男性乐意负担前两次约会的费用，因为他们觉得这样能够展现自己的风度，具有一定的经济基础，也能够增加让对方留下好印象的机会。

也就是说，第一次和第二次约会，大多数男人对于埋单这件事都认为理所当然，但这不表示你可以把对方当作提款机。因为在爱情里，男人愿意当风度翩翩的王子，而不愿意当糊里糊涂的凯子；所以从第三次约会开始，你就必须开始分摊费用。

不管你是付零头、三分之一，还是一半的费用，都没关系，因为男人倒也不是真的小气，他们虽然理性，却也很注重“感觉”问题。如果女人主动开口说要分摊开销，会让他们觉得你“贴心又善良”，你的地位马上就从女人变成女神。

另外，因为男人爱面子，就算希望对方能帮忙出一点钱，但有76%的人说不出口，假如你先说出他们心中的想法，就能建立

“善解人意”的好形象，更能促使他们继续进行下一步的追求动作；相反地，要是你摆明就是要吃他的、用他的，那就别怪对方狠心使出人间蒸发的手段。

只是，有些女人常常会有双重标准，在爱情里老是把“平等”挂在嘴边，面对金钱时却又认为自己是弱势的一方，应该要由男人扛起经济大权，这也是为什么在调查中显示，有44％的女人对于男人希望自己能出一部分钱感到不满。

其实你并不是出不起那些钱，只是想向大家证明这个男人有多爱你，愿意为你奉献到什么程度，说到底，就是为了满足虚荣心。

因为每次逛街看到橱窗里的那些名牌包，你都会羡慕身边有男朋友埋单的姐妹，明明大家的薪水都差不多，但她们身上的行头总能跟着流行走，脸书也贴满去各地吃美食的照片，所以你下定决心，一定要找到掏钱不手软的男朋友。

不过，就算你真的找到一个肯全额埋单的男人，要是哪天两个人吵架，难保他不会说出“你买什么东西都是我帮你出钱，凭什么对我大声喊”这种话，到时候你想反驳都没办法。

金钱不是爱情的基础，却是爱情能否长存的关键性因素之一，不要再把男人付钱的风度当作义务，既然谈恋爱是两个人的事情，在经济花费上当然也要一同承担，如果你仍然看不清这个事实，你就只能不断用悔恨的眼泪，替自己一次次无疾而终的爱情埋单。

31 / 谈恋爱时，要把你的包容力打对折

很多女人总以为，在面对一段感情时，付出极大的体贴与包容，就能换来男人的死心塌地，就能确保你们的长久爱情。

的确，所有男人都需要这样的女朋友或老婆，但你不知道的是，过分的体贴与包容力，有时不但没办法让你拥有幸福，还会让你陷入极度痛苦的感情中无法自拔。因为当你身处一段感情之中时，脑中所分泌的物质，会让你产生异于常人的包容力，大幅提升你对疼痛与负面情绪的接受度。

有位巨星和交往七年的女友分手，不久后他说了一段穿鞋理论：“当一双鞋穿起来不合脚的时候，不如趁早换一双舒服的鞋，

否则硬着头皮穿下去只会磨脚。”

这段话被外界指出他是在隐射自己的感情世界，因此造成许多网友的挞伐，并质疑他，为何一双不合脚的鞋还能硬穿七年？

但其实如果把恋爱比作鞋，一个人的确有可能长时间穿着一双不合脚的鞋，有可能和一个不适合的男人交往好几年。

美国有位神经科学医生马凯（Sean Mackey）曾经做过一项实验，发现其实爱情是一种“止痛药”，具有缓解身体疼痛的效果。

他找了15位正在热恋中的受试者，让他们手握一个物体，而这个物体会在计算机的控制下，慢慢提高温度，渐渐使受试者感到轻微的疼痛。而其中一部分受试者看着恋人的照片，另一部分则看着非恋人的照片。

然后在同一时间，对受试者的大脑进行功能性磁共振成像（FMRI），记录他们大脑内的活动状况。

最后实验结果证明，看着恋人的照片，比起看着非恋人的照片，会减轻一定程度的疼痛。

研究负责人马凯医生表示：“和喜欢的人进行愉快的活动，会带来很多好处，其中包括减少你生理上的痛楚。”

而他也发现，当这些受试者想到恋人的模样，因而减缓生理疼痛的幅度，甚至可以媲美注射吗啡，或使用其他临床上的止痛药。

以神经学方面来看，“爱情止痛药”的作用，涉及大脑内的化学物质，脑内的多巴胺会刺激大脑内部组织，进而抑制疼痛感。

所以热恋所产生的效应，基本上和可卡因及尼古丁所造成的瘾一样，影响情绪、感官，以及对疼痛的认知。

之前有新闻报道指出，英国诗人济慈（John Keats）因为罹患肺结核逝世，而一般来说，肺结核会带给人体相当大的痛楚与不适，但因为在他过世前，持续不断地为他的爱人写诗，而这样的作为或多或少减缓了病痛带给他的不适。

上述的实验及例子，证明了你在谈恋爱的过程中，身体对疼痛的忍耐度会大幅提高，而除此之外，很多平常你觉得不合理的事，在这个时候接受程度也会特别高。

老一辈的人可能会告诉你，嫁鸡随鸡，嫁狗随狗，当你嫁给一个男人时，不管他做了什么事，女人都必须展现出宽容大度的样子，包容男人的一切缺点，这段感情才可以顺利地发展下去。

所以很多女人在遇到男人劈腿、家暴，或对你做出一切不合常理的举动时，都会为了顾全大局，而选择隐忍下来。

但俗话说:“旁观者清，当局者迷。”当别的女人遇上烂男人时，你可能会冷静地劝她不要再执着下去了，可是如果今天主角换成是你，你却也会陷得和她们一样深。

会造成这样的结果，是因为你们没有注意到，你们体内的“爱情吗啡”，悄悄地让你的包容力起了变化。

但是面对坏到骨子里的男人，你强大的包容力，不但不会让他浪子回头，反而只会让他们一犯再犯。

所以，女人无怨无悔地付出，必须有个限度，首先，你要把你因为这个男人所提升的包容力先打个折扣，然后设下一个爱情的停损点，而不是让男人看准你无上限的包容力，对你予取予求。

恋爱中的女人，就好像失去痛觉的人，被伤害时你丝毫不会感觉到痛，但是到了最后，当你发现你再也负荷不了这个男人时，冷静下来的你，才会惊觉到，自己早已被这个你曾深爱过的男人伤得体无完肤了。

爱情科学小常识

想要舒缓疼痛，尽量保持好心情

快乐的情绪，是减缓疼痛不可或缺的条件，而我们的快乐,和大脑内“腹侧被盖区”有很大的关系，因为这个区域是“多巴胺（Dopamine）”行经的主要信道，一旦这个区域受到刺激，就会使人心情愉悦。这就是可卡因、吗啡等毒品，会使人产生快乐感觉的最大原因。

而爱情之所以会让人产生类似毒品的感觉，就是因为恋爱中的人会产生一种积极的态度，因此造成大脑内的多巴胺分泌旺盛，在你的脑内传递快乐及兴奋的情绪，所以造成的结果和毒品没有两样。

不过，要注意的是，过量的多巴胺，会使血清素减少，进而影响你的情绪，严重的话会产生忧郁、躁郁、精神分裂的现象，这也是在恋爱中的人时常容易患得患失的原因。

而除了上述以“好心情”舒缓疼痛的方法，“分心”也是舒缓疼痛的妙招。不过当你在承受某种疼痛时，因为分心而使疼痛减轻的区域是在“大脑皮质层”；而因为爱使得疼痛减轻的区域，却是在“伏隔核”，也就是和多巴胺相关的报偿回路中心。

虽然在大脑里，分心和因为爱情而减轻疼痛的区域有点不同，不过，美国神经科医师马凯就表示：“在真实生活中，这些情绪的确都对慢性疼痛起着相当重要的作用。”

32 / 当男人在你左耳说甜言蜜语，记得只听一半

“亲爱的，我会尽一切的努力把月亮摘给你。”这句大家一听就知道是不靠谱的话，但对于热恋中的女人而言，却是最让她感动的甜言蜜语。不过，先别怪爱情总是使人盲目，会发生这种情形，其实都是左耳惹的祸。

美国神经心理学家经过实验研究，发现人的左耳对情感类的字眼比较敏锐，能够记住比较多的内容，也可以记得比较久，这是由于人的左耳受到右脑控制，而右脑主导直觉与情感的感性活动的缘故。

在实验中，研究小组找来 100 名参加者，他们在过程里必须佩戴耳机，通过耳机，他们的两耳会分别听见很多不同的词汇，包含情感词以及不带任何情绪的中性词，并随机分配在左边或右边耳机出现，这些词句的音节都相同，读出的语调也很平淡，没有放入任何感情。

实验结束之后，参加者还要先做一些四则运算的简单数学题，然后再写下先前在耳机里听到的词语。

结果显示，参加者能写下较多从左耳听见的情感词，数量大约占了七成。相较之下，右耳听见并能记住的情感词就明显少了许多。

这就表示，如果你希望男朋友放假不要老在家睡觉，打算用撒娇的方式，希望他能偶尔带你出去户外走走时，记得要选对边站，因为左耳跟右耳就是决定你周末得宅在家看电视，还是能坐在咖啡厅里甜蜜看海景的关键。

假如你没有掌握这个秘诀，一味在他的右耳猛灌迷汤，不管你再怎么卖力，成功概率都不如左耳来得高。因为右耳由左脑掌控，而左脑负责理性与逻辑，对于感性词的接受度与敏锐度较低，那些肉麻兮兮的甜言蜜语就变得不太容易打动他。

另一种情形是，当双方角色对调，换成男人在你左耳说了一大堆甜言蜜语时，先别急着开心找到了真命天子，记得先把他的话打个折扣，因为男人不像女人一样，会习惯性把这些话挂在嘴边，当他大献殷勤说出好听话时，通常代表事有蹊跷。

例如他告诉你“我同事的女朋友都会为了过生日跟他大吵，还好你脾气好又体贴”，目的可能是先打“预防针”，避免自己忘记你生日时惨遭臭骂；或他开口说“跟你在一起是人生最幸运的事”，不要欢天喜地以为他终于开窍，因为下一句说不定就是“只是我发现跟某某女同事相处时，才有最幸福的感觉，所以我们分手吧”。

犹太人有一句名言是这样说的：“马在松软的土地上易失蹄，人在甜言蜜语中易摔跤。”

除此之外，还有研究显示，甜言蜜语会让大脑皮质处于轻微麻痹的状态，这时你的理性几乎起不了什么作用，所以千万不要听到什么话都照单全收，要是对方心怀不轨，当心自己吃了闷亏。

其实女人也不是不明白，甜言蜜语本来就是一种讨好的手段，但是只要男人深情凝视，并且温柔地在耳边细语，你就忍不住觉得自己是全世界最幸福的人，与其说女人爱听好话，倒不如说是喜欢被捧在手心呵护的感觉。

还有一些女人特别喜欢另一半在公开场合跟她说甜言蜜语，尤其是在朋友们聚餐的时候。这种高调晒恩爱的举动，摆明就是想让大家投以羡慕的眼神，然后接下来就能听到他们一连串的赞叹，像是“你的男朋友根本就把你当成公主”或“好幸福哦，我也想像你一样”。

会用话语讨女人欢心的男人，就像风度翩翩的白马王子一样，你觉得跟他在一起很开心也很有面子，只是日子一久，你却发现他碰到什么事时，都只会出一张嘴。而不善言辞的男人虽然看似没有生活情趣，但他会直接把爱你的心意化为叮咛你三餐要正常、天气冷了要多加衣服，或念你怎么熬夜熬出了黑眼圈。

总之，你必须了解，男人的甜言蜜语，尤其是当他在你左耳放烟火或塞蜜糖时，如果你照单全收，那么，你的大脑就等于泡在糖水中，再也无法分辨对方是人是鬼。

因此，遇到这种情形，你还是把内心的感动和甜蜜滋味打个五折或六折吧！否则，你要的幸福，可能只是你脑中虚幻的烟火秀，永远只能看得到吃不到。

爱情科学小常识

为何说右脑爱人，而左脑更爱自己？

我们知道，右脑掌管身体左半边的感知，而在《脑内革命》一书中，作者春山茂雄称右脑为“祖先脑”，主导直觉与情感等感性思维。

一般会认为，爱情的事应该由右脑掌管，但其实左、右脑都参与了爱情的运作，只是分工和层次都不相同。

根据阿尔伯特·爱因斯坦医学院（Albert Einstein College of Medicine）的一项实验显示，左、右脑都在爱情的主导中占了一席之地。这项实验中邀请了数名热恋中的男女，让他们看一些图片，并且对他们的脑进行扫描。这些图片分成了两种，一种是受试者恋人的照片，另一种则是与受试者熟悉的人的照片。通过这项实验发现，对爱情有反应的区域，大部分位于右脑；而对熟人脸部产生反应的区域，则多分部于左脑。

由于右脑是“祖先脑”，人类在演化过程中所累积的遗传信息都会储存在这里，所以对爱情这种本能的情感，右脑也会陷入得更深。

如果把“爱”的定义扩大，对家人和朋友的情感也属于爱的范畴，而右脑正是负责这种识别他人和爱他人的活动，对象包括情人、亲人和朋友；左脑则是识别出和自身有关的事，倾向于认识和反省自我。所以说，人们是以右脑爱别人，而左脑更爱自己一些了。

33 / 装扮靓丽对他提要求，成功率高

你或许想要和暗恋的对象提出约会，却不知道怎么启齿；你可能想和男朋友拗点小甜头，却不知道怎么开口，才不会被拒绝，而你不知道的是，其实你不必费尽心思盘算，只要花点巧思呈现你的美丽，就可以得到渴望已久的“小确幸”。

根据加拿大一项实验报告显示，你的美丽，会使男人的脑袋无力。

进行这项实验的加拿大研究人员发现，给男性受验者看漂亮女性的照片后，告知他们可以选择隔天来拿 15 美元的受验薪水，

或者过几天再来拿 75 美元的受验薪水。

报告出炉，数据上显示，通常在正常情况下，男人绝对会选择多等几天，拿 75 美元的受验费用，但是在看到美女后的男人，脑袋却像中了病毒程序一样，隔天就傻傻地来排队领 15 美元的薪水了。

研究人员证实，一旦释放出爱情化学物质，男人的长远规划会突然间戛然而止。

很多女人常常在想用“说”的方式，来拥有与另一半间的爱情利益，例如，你们已经很久没有去享用一顿浪漫的大餐，忽然间，你有种冲动，想要今晚当一对“阔情侣”，砸钱去吃大餐，于是你开始动脑：该怎么和他说，他才会答应呢？

但是你不知道，就算你在心里打了好几百次的草稿，另一半听到你的要求，也可能只是“听听而已”，甚至会冷冷地回一句：“有必要吗？”

追根究底，你只是忘了你素着颜、头发蓬乱、穿着便服在跟他讲话而已。其实，不是他舍不得花那个钱请你，也不是他不疼你，只是看你毫无妆点的居家模样，除了让他坚持“不该花的钱不必花”的原则外，更让他的头脑比3C产品还清楚精敏，在两秒钟之内就会计算出“花大钱吃两个小时的晚餐，之后就得与泡面相伴一个月”的利弊。

话说回来，女人也不用天天穿晚礼服，毕竟三百六十五天都艳丽登场，久了，也会使人麻木。

但在提出这种“奢侈品申请费”的要求时，就应该适时地装扮一下，至少化个淡妆、穿得甜美一点，那么，当男人看到你这么动人的模样，头脑都当机了，根本忘了他即将要吃两个月泡面的事情，反而自动投降跟你说：“好。”

如果你的状况还是与心仪的他正在暧昧的阶段，当他没向你提出约会的要求，你却忍不住想要与他出门约会时，肯定会为了“该怎么暗示他”而苦恼吧。

其实，你可以不必这么辛苦，只要将自己打扮得漂漂亮亮的，找个时机，偶尔出现在他面前晃一下，或是把自己的美照贴在脸书上。

因为你的美丽，会激发男人的边缘系统，让他的前额叶皮质活动下降，大脑里掌控判断的区域呈现一片空白。他遇到你的美，就像计算机程序被黑客入侵，无法控制自己，再怎么“矜持”的害羞男，也会无力地放下坚持，主动邀约你。

很多女生都认为，以内在美取胜才踏实，光靠外表吸引男人，那是肤浅女人才会做的事。

但是，如果你成天只顾着充实“内在美”，放任自己蓬头垢面，男人的头脑可是会照常运作，不会发生任何你期待的事情。

内在美固然很重要，但如果你想要更轻松地被男人捧在手掌心里，不妨花点小时间来打扮自己，毕竟装扮对女人来说，是再简单不过的事情。

想要在爱情的世界里，不花任何力气获得最大的幸福利益，首先请多运用你的女性魅力，使男人的大脑当机，这不仅能得到男人的疼爱，看着镜中亮丽的自己内外兼具，你也能提升无比的自信心，其实，这就是身为女人最快乐的事情。

34 / 如你想毁掉幸福，就傻傻地当他的丫鬟吧！

女人在爱情中往往有个迷思，以为只要付出愈多，得到的收获也愈多，所以常常化身为女佣，一手包办两人生活中的大小事，但你绝对没有想到，你对男人的照顾愈是无微不至，他反而愈容易出轨劈腿。

曾经有个报道指出，有个在职场上叱咤风云的女强人，每件事情做起来都井井有条，再怎么天大的麻烦事都能搞定；而且无论工作再怎么忙碌，回到家依然洗衣买菜煮饭样样自己来，对另一半呵护备至，甚至连早上刷牙这种小事，都会帮对方把牙膏先挤好。

但最后，这个男人还是劈腿了，当记者询问他劈腿的原因时，他说："反正她那么能干，不管我有没有在她身边，好像都没什么区别。"

为什么女强人自以为的体贴，最后不但没有抓住男人的心，反而把他推得更远？

或许你习惯牺牲自己的时间，从头到脚把男人伺候得服服帖帖的，借此表现心中的爱意，但有时候这么做，反而会在无形中给男人铸造了一座逃不开的牢笼，不但困住了他，同时也困住了你自己。

其实很多研究报告都显示，男人所做的家事愈少，离婚率也愈高。

伦敦政治经济学院（LSE）根据两性关系所做的研究调查发现，离婚率最低的夫妻组合是：太太当母亲之后不上班，同时为人父的丈夫高度参与家务和照顾小孩。

研究表示，女性在外就业率越高，离婚率也会跟着提高，但是在这种情况下，如果男人愿意帮忙做家事，离婚率却会因此下降。

英国《每日邮报》(*Daily Mail*) 则报道，英国剑桥大学调查全球 34 个国家，访问了 3 万人以后发现，有愈来愈多的男人，会对自己没有分担家务产生罪恶感。

欧洲社会调查机构 (European Social Survey) 还发现，如果男人和另一半平均分摊家事，他们的生活会过得更开心，而且心理压力会减少。

每个成功男人的背后，未必需要一个“全能型”的伟大女人，如果你上得了厅堂，下得了厨房，还开得了跑车，买得起新房，种种优点虽然看起来完美无缺，但很多时候，你只不过沦为照顾男人的老妈子而已。

不要再抱着“男主外，女主内”的传统想法了，过去那个“让男人负责较多生活家务事，会使男人的自尊心受挫，无形中是在贬低他们地位”的想法，已经过时了。

同样地，若把“做家事”的理论基础延伸到生活的大小事情上就是，现在很多女人在外租房独居，早就养成独立自主的能力，以前似乎只有男人才会的技能（比如修水电），现在也未必难得倒女人。

现在就连网络上，甚至还有专门教女生如何修水电的影片，早就把女人训练得多才多艺了。

然而对男人来说，潜意识里就是有想要保护女人的天性，有想要展示自己雄性能力的基因，当你能够自己一手包办生活中的大小事，让他英雄无用武之地时，就会想要“向外发展”，去寻找能够展现他英雄气概的温柔乡。

也就是说，在适当的时候，你必须要能满足他的英雄主义，该让他出头的时候，就得让他出头，让他感觉到他在这段恋爱中，拥有被你需要的优越感。

男人外出上班赚钱，女人在家操持家务这套公式，已经不是让两个人能爱得长久的保证书了。

当男人愿意为了拥有平静和谐的感情生活，愿意花费一些时间与心力在分担家务上时，有时候，你不妨坐在一旁享受悠闲时光，让男人为两人的生活付出一些心力，两人的恋爱生活会因此更甜蜜。

不过，话说回来，如果男人真的愿意做家事，女人也不要太纠结于“细节洁癖”，在一些小事上与男人斤斤计较。

比如说，当他地板拖得不够干净，或者把你精心摆放的日用品稍微移了位，这些时候，切忌歇斯底里地大骂男人不用心，这会浇灭他的热情。要是这种情况常常发生，就算男人再怎么有心想帮忙，也会因为你的态度而打退堂鼓，时间久了只会产生反效果。

35 / 女主外，老公更容易有外遇

现代女性的能力愈来愈强，“女主外，男主内”已经不是稀奇的组合，不过，女强男弱的搭配还是潜藏着许多风险，甚至可能让男性外遇的概率增加，导致离婚。

某个号称“宅男女神”的爆红女艺人，不久前被问及希望交往对象的条件时，年收入超过 500 万的她，当场直言自己不考虑和月薪 22K 的男人交往，此话一出，让许多支持她的宅男粉丝当场被三振出局，而这番言论也被网络上许多人炮轰拜金又势利。

虽然当时有很多人抨击她这个女人“看高不看低”，但或许她只是有自己的考虑，避免一些风险罢了。

虽然“门当户对”看似是一个迂腐的观念，不过，已经有研究显示，“门当户对”在一段感情或婚姻中，其实还是有一定的重要性。

根据美国健康日网站报道，一项最新研究显示，在妻子“主外”的家庭中，丈夫们出轨外遇的情况也日益增多。

令人意外的是，来自芝加哥大学布斯商学院和新加坡国立大学（National University of Singapore）经济学家的报告则指出，妻子收入比丈夫高的时候，反而会回归到更传统的性别角色，妻子必须承担更多的家务和照料孩子的工作。

也许你并不在意自己的收入比另一半高，也不介意“女主外，男主内”的家庭结构，但不代表你赚得多，男人就会乖乖地待在家洗衣煮饭带小孩，还有可能因为自我价值感降低，导致他更容易找小三。

因为你很有可能不想当个被丈夫认为“只会赚钱，家里都不顾”的女强人，所以为了彰显你对另一半与小孩的重视，明明在公司已经累得半死了，回到家后还是要当个好太太、好妈妈，分担更多的家务事。

另一方面，女人也有可能因为钱赚得多，认为自己在家里的地位较高，觉得丈夫就应该凡事听命于她，让丈夫成为一个没尊严的“小男人”。

日积月累下来，男人不管在事业上还是家庭里都找不到自己的定位，女人也累得心力交瘁，导致不断攀升的离婚率。

《纽约时报》（*The New York Times*）中文网刊载，根据皮尤研究中心（Pew Research Center）2013 年公布的人口普查与调查数据分析，在小孩不满 18 岁的美国家庭中，母亲是唯一或主要经济来源的占 40%，为历史新高。

从这份调查可以很清楚地看见，随着时代的变动，女强男弱已是一项社会趋势，但是大多数人仍旧很难跳出传统的家庭框架。

即使职业妇女的比例增高，能为家庭增加更稳定的收入，皮尤中心指出，仍有大约一半的人表示，母亲待在家，对小孩的情况较好；仅有 8%的人认为父亲不工作待在家，对孩子有较好的影响。

或许就是因为女强男弱的家庭结构隐含着许多风险，所以芝加哥大学布斯商学院和新加坡国立大学经济学家的报告中更指出，如果女性的收入潜力超过丈夫，那她更有可能远离职场。

也就是说，当女性意识到女强男弱造成的家庭问题之后，常常会选择放弃自己的事业，以维护家庭的完整。

到头来，女人不仅很容易没办法拥有一个完整的幸福家庭，甚至还可能为了丈夫孩子牺牲自己在工作上发展的机会。

所以，千万不要再秉承着“真爱无敌”的信念，即使对方的收入差你很多，你也一厢情愿认为反正你养得起对方就好，贸然地走入婚姻。

36 / 男人会短命，都是女人给的压力

很多女人知道，当男人整天郁郁寡欢时，他可能是因为压力过大，而这个时候，你们总是会把矛头指向男人的事业。

但是你们不知道的是，让男人备感压力的罪魁祸首，其实可能是你；而且，你所给的压力，不但危及你们之间的爱情，还可能危及男人的性命。

首先，从你们的相遇开始，包括男人对你的追求，还有你对男人的矜持，都已经直接对男人造成伤害。

根据美国医学报报道显示，男人在求偶的过程中，如果受到

激烈的竞争，会比较容易短命；研究结果更确切显示，这样的压力，将会使他们减少约三个月的寿命。

而男人求偶的竞争压力，比起从前，只会有增无减，其中原因除了全球男女比例失衡、男人本身的竞争意识外，最重要的，还有女人对男人的态度。

以全球男女比例来说，每年男婴出生人数都会大于女婴，而如果这样的情况再不改善，在未来数十年，单身男子人数将会暴增，以至于面临娶妻困难、结婚年龄攀升等问题。

而在女少男多的状态之下，会激起男人“争夺”的心态。

这种争夺的情绪，始于一段爱情萌芽时，当男人认定你是他想要追求的女人，他就会想要完全拥有你，就像是他小时候想要拥有喜欢的机器人一样。

因为只有拼尽全力把你追到手，才可以确立你们两人之间的关系，也让他可以名正言顺地向所有人宣布：“这是我的女朋友，其他人别想碰她！”

男人这样的心态，使他们费尽心思想要在求偶这场竞赛中获得胜利，同时却也在无形之中，造成连男人自己都不知道的巨大压力。

但是这些压力都还算是小事，遇到一个异常“矜持”的女人，才会让男人的压力瞬间急遽上升。

俗话说：“男追女隔层山，女追男隔层纱。”这句话之所以会产生，不在于男人比女人好追，而是在于女人需要展现矜持，但男人不用。

从古至今，不论东西方，都是以男追女为主流，而在这样的模式之下，让女人习惯在被追求时摆出高姿态，即使你对这个热烈追求你的男人一见倾心，你也拒绝马上表态。

但是绝大部分的男人，不会轻易放弃他们看上眼的猎物。

女人追不到男人，基于面子问题，你会很容易放弃；男人追不到女人，基于面子问题，他会更想要征服你。

但是你这样下意识的矜持、毫不留情的拒绝，可害惨了男人；因为你要知道的是，当一个男人追求一个女人的时间愈久，他的忧郁指数就会愈高。

再来，等男人好不容易把你追到手了，却又是一连串的压力考验。

男人天生就被赋予撑起一个家的能力，从小到大，社会灌输男人的是坚强、勇敢、强壮和有担当的形象，以至于男人即使硬着头皮，也要在女人面前展现最完美的那一面。

但是久而久之，女人也习惯了依赖男人，不但生活费要他赚，家事要他做，父母要他孝顺，连小孩的成长过程也要他陪伴……逼着他们做一个“十项全能”的男人。

这样一来，等于是没日没夜地施加压力到男人身上。

很多女人拒绝承认她们是男人压力的主要来源，但是，这却是女人必须正视的问题，因为这对男人的精神状态及寿命都会造成实际的影响。

医学报道指出，虽然女性罹患忧郁症的指数是男性的两倍，但是报道同时也显示，男性自杀的死亡率却是女性的两倍。

女人要注意的是，当你们的行为对男人造成压力，他们通常是不会表现出来的。

因为男性注重面子，一般来说不愿意对外承认自己的懦弱、恐惧，而选择将自己的阴暗面隐藏起来；而男性脾气较为火暴，或常以酒精或药物来麻痹自己，也和男性时常压抑自己的情绪有很大的关系。

所以实际上，男性罹患忧郁症的指数可能比女性来得高；而除了忧郁症及自杀指数，男性平均死亡年龄，也要比女性来得低。

除此之外，也有研究发现，长期处在高度压力环境下的男人，精子也可能会出现遗传性变异，导致子女的发展较为迟钝，或容易产生精神问题。

由此可知，压力处处影响着男人的身心状态，所以你要知道，如果你下意识的言行举止，总是让男人承受过多的压力，最后吃亏的还是你自己。

女人必须认清的是，男人的压力，90%都来自深爱他的女人；而这种压力，轻则两败俱伤，重则杀人于无形。

所以先试着从这个对男人施压的角色上卸任下来，让男人保有健康的身体，你也才能和他拥有一段长久的幸福爱情。

参考文献

◎图书

1. 罗伯特·史坦伯格（Robert J. Sternberg）（2010）。《认知心理学》。台北市：双叶书廊。

2. 史蒂夫·鲍姆嘉纳（Steve R. Baumgardner）、玛丽·克罗瑟斯（Marie K. Crothers）（2011）。《正向心理学》。台北市：五南。

3. 艾德金森（Rita L. Atkinson）（2004）。《西尔格德心理学》。台北市：桂冠。

4. 罗西（2006）。《男人是没有进化好的女人》。台北市：林业出版社。

5. 丹尼尔·平克（Daniel H. Pink）（2006）。《未来在等待的人才》。台北市：大块文化。

6. 利奥纳德·萨克斯（Leonard Sax）（2008）。《养男育女调不同》。台北市：远流。

7. 露安·布哲婷（Louann Brizendine）（2008）。《女人的大脑很那个》。台北市：平安文化。

8. 亚伦·皮斯（Allan Pease）、芭芭拉·皮斯（Barbara Pease）（2004）。《为什么男人爱说谎，女人爱哭？》。台北市：平安文化。

9. 亚伦·皮斯（Allan Pease）、芭芭拉·皮斯（Barbara Pease）（2000）。《为什么男人不听，女人不看地图？》。台北市：平安文化。

10. 亚伦·米勒（Alan J. Miller）、金泽智（2008）。《为什么美女总是生女儿？》。台北市：三采。

11. 匠英一著、简中昊译（2011）。《看穿人心的小动作》。

台北市：晨星出版社。

12. 马丁·林斯壮（Martin Lindstrom）（2005）。《收买感官，信仰品牌》。台北市：商智文化。

13.Zygmunt Bauman.（2001）. "Thinking Sociologically." United States: Wiley-Blackwell.

◎报章杂志

1. 曾沛瑜编译（2013）。"爱情荷尔蒙"有助产后恢复。《康健杂志》，171 期。

2. 王怡棻（2007）。"闻"比看更具魅力，嗅觉营销感官的购买力。《远见杂志》，251 期。

3. 黄荣棋（2008）。短期记忆如何变成长期记忆？《科学人杂志》，71 期。

4. 小野寺佑纪编、曾文媛译（2011）。何谓“安慰剂效应”？《牛顿科学杂志》，40 期。

5.Dylan Selterman et al. Dreaming of you: Romantic behavior and emotion in dreams of significant others predict subsequent relational behavior. “Social Psychological and Personality Science.”

6.Brian Alexander. Stop the waterworks, ladies. Crying chicks aren't sexy. “NBC News contributor.”

7.Roger Dobson. The way to a man’s heart？ Through his left ear. “The Times.”

8.Daily Mail Reporter. The look of love？ Only if you manage a glance that lasts longer than 8.2 seconds. “Daily Mail.”

9.Emma Innes. Love at first SNIFF？ Women can tell whether a man shares compatible genes by reading his scent. “Daily Mail.”

10.Olivia B. Waxman. Study: Men want women to chip in on dates, but are afraid to ask. “Time.”

11.Robert Epstein. Fall in love and stay that way. "Scientific American Mind."

12.Luciana Gravotta. (2013) . Be mine forever: Oxytocin may help build long-lasting love. "Scientific American."

13.Marta Skrundz et al. (2011). Plasma oxytocin concentration during pregnancy is associated with development of postpartum depression. "Neuropsychopharmacology."

14.Catherine Rampell. (2013) . U.S. women on the rise as family breadwinner. "The New York Times."

15.Jennifer A. Bartz et al. (2010) . Oxytocin selectively improves empathic accuracy. "Psychological Science."

16.Jerry Bergman (1993) . The miracle of tears. "Creation Magazine," Volume 15 (Issue 4) .

◎电子资源

1. 张永健。论珍惜——爱情的经济分析（1）。检自：http://idv.sinica.edu.tw/kleiber/prose/cherish.htm。

2. 研究：爱情之吻能让男性忠诚、长寿。检自：http://iservice.libertytimes.com.tw/liveNews/news.php?no=840538&type=%E7%A4%BE%E6%9C%83。

3. 研究：老公帮忙做家事离婚率低。检自：http://news.rti.org.tw/index_newsContent.aspx?nid=243389。

4. 恋爱不会变笨！研究：真实爱情能提高大脑认知能力。检自：http://www.nownews.com/2013/08/11/11622-2973611.htm。

5. 联合新闻网。爱因斯坦脑连结发达造就天才。检自：http://udn.com/NEWS/BREAKINGNEWS/BREAKINGNEWS5/8208409.shtml。

6. 赖晓亭。天气变冷了，您的双脚温暖吗？检自：http://www.clinic.org.tw/discuss/lecture41.htm。

7.New Scientist. Being in love eases the pain. From http://

www.newscientist.com/article/dn19593-being-in-love-eases-the-pain.html#.UlPgZVCno9B.

8.PsyPost. The many unexpected sides of romantic love. From http://www.psypost.org/2012/01/the-many-unexpected-sides-of-romantic-love-9509.

FONGHONG
凤凰联动出品